THÉORIE ET PRATIQUE DE LA MASCULINITÉ POSITIVE EN RÉPUBLIQUE DÉMOCRATIQUE DU CONGO

Roger Lukumu KABASELE

THÉORIE ET PRATIQUE DE LA MASCULINITÉ POSITIVE EN RÉPUBLIQUE DÉMOCRATIQUE DU CONGO

Préface de Elie-Léon NDOMBA KABEYA

L'Harmattan

5-7, rue de l'École-Polytechnique ; 75005 Paris

www.editions-harmattan.fr

ISBN : 978-2-336-54675-9
EAN : 9782336546759

Sigles et abréviations

CEDE : Convention sur les Droits de l'Enfant.

CEDEF : Convention sur l'Élimination de Toutes les Formes de Discrimination à l'Égard de la Femme.

IST : Infection sexuellement transmissible

NEPAD : Nouveau Partenariat pour le Développement de l'Afrique.

ODD : Objectifs de Développement Durable.

OMD : Objectifs du Millénaire pour le Développement.

PAPF : Plan d'Action en matière de Promotion de la Femme

RDC : République Démocratique du Congo

SIDA : Syndrome de l'Immunodéficience Acquise

USD : Dollar des Etats-Unis d'Amérique

VIH : Virus de l'Immunodéficience Humaine,

VBG : Violences Basées sur le genre

SNVBG : Stratégie Nationale de lutte contre les violences basées sur le Genre

CISM : Centre Intégré des Services Multisectoriels pour la prise en charge holistique des Survivantes et Survivants des Violences Basées sur le Genre

RDC : République Démocratique du Congo

DUDH : La Déclaration Universelle des droits de l'homme

CEDEF : Convention sur l'élimination de toutes les formes des discriminations à l'égard de la femme

Pensée

Le vent est aux flammes, ce que la parité est aux femmes.

Dédicace

A toutes les femmes qui, dans leur silence, travaillent, nourrissent et éduquent leurs familles
A toutes les femmes qui, dans leur silence, pleurent, gémissent, et soutiennent leurs enfants
A toutes les femmes qui, dans leur silence, prient, pardonnent et éclairent leur entourage
A toutes les femmes qui, dans leur silence, souffrent, errent et meurent pour les autres
A toutes les femmes qui, dans leur silence, persévèrent, combattent et gagnent
Je dédie ce livre.

Remerciements

Nous remercions sincèrement du fond de notre cœur tous ceux qui ont contribué à la réalisation de cet ouvrage, premièrement, Madame Esther KAMWANYA BIAYI, Secrétaire Générale au Ministère du Genre, Famille et Enfants, Monsieur MAKENGO Arthur, Directeur Chef de Service aux Affaires Juridiques au Ministère du Genre, Famille et Enfants, Monsieur TSHIKA LUABA Alphonse, Conseiller à la Cellule d'Etudes Stratégiques et de Planification de la Promotion de la Femme, de la Famille et de la Protection de l'Enfant, Monsieur Didier Lapiar, Coordonnateur du Secrétariat National 1325 au Ministère du Genre, Famille et Enfant , Madame Christine Kabamba du FNPSS, Me Robert Yanda Mushala, Avocat au Barreau de Mbandaka.

Nous remercions enfin, Monsieur MIAMBANZILA Raymond, KALA Joël et Rabby DJIMBI MANGOYO qui ont joué un grand rôle pour la rédaction de cet ouvrage.

Préface

Il existe des écrits qui méritent d'être marqués d'une pierre blanche surtout lorsqu'il s'agit de ceux qui génèrent un bénéfice incontestable pour la société civile, l'Etat et le monde scientifique. C'est le cas du présent ouvrage, d'une beauté exceptionnelle et d'une grande importance car abordant une question d'actualité toujours actuelle, à savoir : la question de la femme en vue de résoudre celle du genre.

Un thème, très intéressant pour toutes personnes soucieuses des questions liées au genre ou à la parité [femme/homme] notamment, les chercheurs, les étudiants, les politiques (Ministres, parlementaires), les hauts fonctionnaires des ministères, les membres de la société civile, les organismes des systèmes de Nations-Unies et j'en passe.

Pour y arriver, deux questions pointent à l'horizon : quelle est l'analyse critique des Droits de la femme en République démocratique du Congo et quelle est la contribution de la loi n°15/013 du 01 Août 2015 portant modalités d'application des Droits de la femme et de la parité.

En effet, il importe de souligner que la problématique de l'exercice des Droits de la femme et la mise en œuvre de la parité en République démocratique du Congo se pose non en termes d'absence des textes juridiques pertinents, mais plutôt par rapport à l'appropriation desdits textes par des différents acteurs appelés à les mettre en application.

Sous d'autres cieux, il convient de noter sans ambages qu'une étude aussi approfondie était donc nécessaire pour la protection et la promotion des Droits de la femme. C'est à cette vaste et délicate tâche que s'est attelé l'auteur, raison pour laquelle je n'ai pas hésité un seul instant d'accepter lorsqu'il m'a proposé de préfacer cet ouvrage de très haute facture. Et je m'y attèle avec un réel plaisir.

L'intérêt de cet ouvrage se justifie à un double titre, sur le plan théorique et sur le plan pratique.

Du point de vue théorique, l'ouvrage se veut un effort d'analyse systématique de différents droits humains reconnus aux femmes tant par les instruments juridiques internationaux que par les instruments juridiques nationaux en vue d'en assurer la protection et la promotion.
Du point de vue pratique, à travers cet ouvrage l'auteur entend apporter sa contribution à la vulgarisation de la loi n°15/013 du 1er Août 2015 portant modalités d'application des Droits de la femme et de la parité de manière à garantir un meilleur accompagnement de la mise en œuvre de ces droits.
La plupart d'ouvrages qui existent dans ce domaine traitent de la condition de la femme en générale et sont souvent consacrés essentiellement à la question de la capacité, soit juridique, soit professionnelle de la femme, notamment dans l'exercice du commerce.
L'auteur du présent ouvrage analyse quant à lui le cadre théorique et pratique de la masculinité positive en République Démocratique du Congo.
Mon souhait est de voir de cet ouvrage contribuer à l'amélioration et au renforcement de la protection et de la promotion des Droits de la femme.
Je souhaite donc une carrière fructueuse à cet ouvrage qui vient à point nommé.

Monseigneur Elie-Léon Ndomba Kabeya†
Professeur et Vice-Doyen à la recherche honoraire à la Faculté de Droit de l'Université de Kinshasa
Ancien Directeur Général du Centre Interuniversitaire de Droit Familial Africain (CIDFA)
Ancien Directeur des études au Service d'études et de documentation du Ministère de la Justice et des Droits Humains (SDE) /Magistrat Délégué
Ancien Président au Conseil d'Etat,
Premier Président de la Cour de Cassation.

Introduction

Ces pages ont pour objet la théorie et pratique de la masculinité positive en République Démocratique du Congo.
Plusieurs raisons justifient ces lignes. En effet, la masculinité positive en République démocratique du Congo (RDC) est un concept complexe et nuancé, confronté à de nombreux défis spécifiques au contexte socioculturel du pays. Telle qu'elle est conçue, il s'agit de repenser les normes de masculinité traditionnelles souvent associées à la violence, à la domination, et à la suppression des émotions, pour promouvoir une vision plus égalitaire et bienveillante. De ce fait, il y a la théorie (ensemble de l'arsenal juridique, de discours, de déclaration des leaders d'opinion,…) et la pratique (ensemble des actes posés pour matérialiser cette masculinité) dont l'analyse est faite à la lumière des statistiques.
Les Droits de la femme font partie intégrante des Droits de l'Homme.
Le constituant de la constitution de 2006 a tenu à réaffirmer l'attachement de la République Démocratique du Congo aux Droits humains et aux libertés fondamentales tels que proclamés par les instruments juridiques internationaux auxquels elle a adhéré. Aussi, a-t-il intégré ces droits et libertés dans le corps même de la Constitution.

Depuis la Conférence Internationale sur la situation de la femme tenue à Beijing (Chine) en 1995, plusieurs forums, rencontres et conférences tant mondiaux, régionaux que sous régionaux ont été organisés avec comme objectif de remodeler la vision sur les conditions de vie des femmes, les relations de pouvoir entre les hommes et les femmes et le respect équitable des droits humains dont les droits des femmes sont une partie intégrante.

Ces assises ont permis, à tous les niveaux, de reconnaître le rôle crucial des femmes dans le développement et de mettre en exergue la nécessité de leur participation effective et équitable à la prise de décision pour asseoir un développement durable.

A cet effet, de nombreux instruments juridiques en sont issus contenant des pertinentes recommandations exigeant aux Etats parties ou signataires à les intégrer dans les lois nationales en vue d'assurer la protection et la promotion effectives des droits reconnus aux femmes.

C'est donc dans ce cadre que la République démocratique du Congo a fait de la question de l'égalité entre les femmes et les hommes une de ses préoccupations fondamentales telle qu'inscrite dans sa constitution du 18 février 2006, en son article 14, en rapport avec la mise en œuvre du principe de la parité homme-femme. Par cet article, les pouvoirs publics veillent à l'élimination de toute forme de discrimination à l'égard de la femme et assurent la protection et la promotion de ses droits. Ils prennent, dans tous les domaines, notamment dans les domaines civil, politique, économique, social et culturel, toutes les mesures appropriées pour assurer le total épanouissement et la pleine participation de la femme au développement de la nation.

Force est de constater que depuis l'avènement du Président de la République Félix Antoine Tshisekedi Tshilombo et sous son impulsion, une nouvelle donne s'est ajoutée pour une reconnaissance et une valorisation maximale des compétences féminines plus particulièrement par le sexe masculin, cette tendance est qualifiée de masculinité positive. C'est cette approche qui constitue la matrice même du présent ouvrage qui entend se démarquer des études antérieures sur la condition et la valorisation féminine en général qui passent essentiellement par les questions de la capacité, soit juridique, soit professionnelle de la femme, du changement de mentalité et aussi et surtout de la prise de conscience de la femme elle-même.

Comme objectif, mon choix d'analyser la masculinité positive en République Démocratique du Congo se justifie à double titre, sur le plan théorique et sur le plan pratique.

L'objectif théorique de notre étude tient au fait qu'elle se veut un effort d'analyse systématique de différents droits humains reconnus aux femmes tant par les instruments juridiques internationaux que par ceux nationaux, plus particulièrement celui de la parité, en vue d'en assurer leur protection et leur promotion. A cela il faut ajouter les différents discours et recommandations.

Sur le plan pratique, par le présent ouvrage, nous entendons décortiquer ce qu'est réellement la masculinité positive sur le plan social en termes de droit reconnu aux femmes et effectivement exercées dans toutes les sphères (publique, privée, politique, culturel, académique,...), d'initiative masculine visant à mettre en valeur la femme. De cette analyse sera établi l'écart entre la théorie et la pratique afin de mieux relever le défi et garantir un meilleur accompagnement de la mise en œuvre de cette nouvelle philosophie.

Certaines questions ont été soulevées dans ces pages. En effet, comment déterminer le cadre théorique, conceptuel et socioculturel de la masculinité positive ? Quel est l'aperçu général sur les violences basées sur les questions du genre ? Quelle est la stratégie nationale pour la lutte contre les violences fondées sur le genre ? Que retenir du cadre pratique de la masculinité positive ? Quels sont les éventuels défis de la masculinité positive ? Quel est le cadre juridique des droits des femmes en République Démocratique du Congo ? Comment les instruments sur les droits de la femme ont-ils évolué en République Démocratique du Congo ?

Comme hypothèse, la question des Droits de la femme et celle du rôle que cette dernière est appelée à jouer dans l'édification et le développement de toute nation moderne, ainsi que celle de sa participation à la sphère de prise de décision se trouvent aujourd'hui, plus qu'hier, au centre d'enjeux internationaux.

Comme limite notamment, la question de théorie et pratique de la masculinité positive se pose certainement dans plusieurs pays, surtout en Afrique. Je me limite à la République Démocratique du Congo, mon pays. Je suis bien conscient que mes cogitations peuvent se vérifier aussi ailleurs, sous d'autres cieux. Je n'ai pas non plus la prétention d'épuiser le débat sur cette question. Les recherches des autres sont souhaitables pour enrichir ces pages.

Ma démarche est réflexive et critique, enrichie par l'expérience et les témoignages de terrain.

Hormis l'introduction et la conclusion, le présent ouvrage est axé sur deux chapitres.

Le premier présente les notions relatives à la masculinité positive, le contexte du sujet ainsi que les données générales. Le deuxième chapitre, clé de voûte de ces pages, analyse de fond en comble la théorie et la pratique de la masculinité positive en République Démocratique du Congo. Il y est question aussi de présenter et d'examiner les différents instruments juridiques internationaux et nationaux se rapportant aux Droits de la femme en République Démocratique du Congo. De part et d'autres, à travers tous ces chapitres, la masculinité positive sera particulièrement analysée sous l'angle de la parité qui constitue le point idéal de toute cette politique.

Chapitre premier

Cadre théorique

Ce chapitre porte sur le cadre théorique. En effet, pour la masculinité positive les mots peuvent soulager les maux pour une femme. Ce chapitre est organisé en quatre sections. La première a pour objet la définition conceptuelle. La seconde porte sur le contexte socioculturel de la masculinité positive. La troisième évoque les notions sur la masculinité positive, le genre et l'inclusion sociale. La dernière a pour pierre de touche un aperçu général sur les violences basées sur le genre en République Démocratique du Congo

Section I : Définition des concepts clés

Sont évoqués la parité, les clichés sexistes, la discrimination envers les femmes, La masculinité positive, les pratiques néfastes, le transgenre, la violence envers les femmes, le viol, l'agression sexuelle, l'inceste, la santé mentale, les violences, le consentement, les violences basées sur le genre, les violences sexuelles, le sexe, l'égalité, le genre, égalité du genre et entre sexes, équité, , intégration de la dimension genre, équité du genre, émancipation, avortement, avortement sécurisé, contraception, dépénalisation, mutilation génitale, mariage précoce et mariage d'enfant, mariage forcé, grossesse, fœtus et la féminité.

1. Parité

La parité signifie une égalité numérique fondée sur les compétences entre les hommes et les femmes dans la représentation. Comment définir les clichés sexistes.

2. Clichés sexistes

Croyances entretenues à propos des caractéristiques, traits et domaines d'activités dont on estime qu'ils conviennent aux femmes, aux hommes, aux filles et aux garçons, en référence aux rôles conventionnels qu'ils remplissent d'habitude, au foyer ou en société[3]. Il convient de définir à présent la discrimination.

3. Discrimination à l'égard des femmes

Toute distinction, exclusion, restriction ou tout traitement différencié fondés sur le sexe, et qui ont pour but ou pour effet de compromettre ou d'interdire la reconnaissance, la jouissance ou l'exercice par les femmes, quelle que soit leur situation matrimoniale, des droits humains et des libertés fondamentales dans tous les domaines de la vie[1]. Que dire des femmes ?

4. Femmes

Les personnes de sexe féminin, y compris les filles. Dans quel sens comprendre masculinité positive ?

5. Masculinité positive :

La masculinité positive est l'ensemble des actions et attitudes que peut prendre une personne de sexe masculin en vue de promouvoir la protection et l'émergence d'une personne de sexe féminin au sein de la société. Que retenir des pratiques néfastes ?

6. Pratiques néfastes

Tout fait ou geste qui affecte négativement les droits fondamentaux des femmes et des hommes tels que le droit à la vie, à la santé, à l'éducation, à la dignité et à l'intégrité physique[2]. Comment définir le transgenre ?

7. Transgenre : Le fait de quitter un sexe (par exemple masculin) pour un autre (par exemple féminin). Que retenir de la violence envers les femmes ?

8. Violence à l'égard des femmes

Tous actes perpétrés contre les femmes causant ou pouvant causer aux femmes un préjudice ou des souffrances physiques, sexuelles, psychologiques ou économiques, y compris la menace d'entreprendre de tels actes, l'imposition de restrictions ou la privation arbitraire des libertés fondamentales, que ce soit dans la vie privée ou dans la vie publique, en temps de paix, en

---

1 Article 1er CEDEF et PM

2 Loi n°15/013 du 1er aout 2015 portant modalités d'application des droits de la femme et de la parité

situation de conflit ou de guerre[3]. Il convient à présent de définir le viol.

9. Viol : Le viol est défini sous plusieurs angles;

a) Acte de tout homme, quel que soit son âge, qui aura introduit son organe sexuel, même superficiellement dans celui d'une femme ou toute femme, quel que soit son âge, qui aura obligé un homme à introduire même superficiellement son organe sexuel dans le sien ;

b) Acte de tout homme qui aura pénétré, même superficiellement l'anus, la bouche ou tout autre orifice du corps d'une femme ou d'un homme par un organe sexuel, par toute autre partie du corps ou par un objet quelconque ;

c) Acte de toute personne qui aura introduit, même superficiellement, toute autre partie du corps ou un objet quelconque dans le vagin ;

d) Acte de toute personne qui aura obligé un homme ou une femme à pénétrer, même superficiellement son anus, sa bouche ou tout orifice de son corps par un organe sexuel, pour toute autre partie du corps ou par un objet quelconque[4]. Les lignes suivantes explicitent l'agression sexuelle.

9. Agression sexuelle

La notion d'agression sexuelle n'étant pas définie par la législation congolaise ni par les instruments juridiques internationaux contraignants en RDC, le recours au droit comparé s'avère nécessaire.

En effet, le Code Pénal Français définit l'agression sexuelle comme étant toute atteinte de nature sexuelle par un contact physique, commis sans le consentement clair et explicite de la victime et cela avec violence, menace ou surprise. C'est dans l'agression sexuelle qu'on distingue le viol et autre type des violences sexuelles.

Si pour le viol une pénétration est nécessaire au titre des éléments constitutifs de l'infraction, l'agression sexuelle est caractérisée

---

3 PM

4 Art. 170, Loi N°06/018 du 30 janv.2006 modifiant et complétant le décret du 30 janv 1940 portant code pénal congolais

par tout contact physique de nature sexuelle sans qu'il n'y ait nécessairement pénétration[5]. Il y a aussi l'inceste à définir.

10. Inceste

Le fait d'avoir un lien sexuel direct avec les ascendants ou descendants d'une même lignée familiale. Que dire de la santé mentale ?

11. Santé mentale :

a. Un état complet de bien-être physique, mental et social, et ne consistant pas seulement en une absence de maladie ou d'infirmité ;

b. Un état de bien-être dans lequel une personne peut se réaliser, surmonter les tensions normales de la vie, accomplir un travail productif et contribuer à la vie de sa communauté.[6] Comment comprendre les violences ?

12. Violences

Recours à la force pour contrôler un individu ou une population. La violence couvre toute forme d'abus, de contrainte ou de pression physique, psychologique, sociale ou économique. Elle peut être ouverte (agression ou menace avec une arme) ou plus insidieuse (intimidation, menaces ou autres formes de pression psychologique ou sociale).7Le point suivant porte sur le consentement.

13. Consentement

Expression de l'accord de l'individu, principalement après mûre réflexion.

Par « consentement éclairé », on entend que l'individu comprend les conséquences de sa décision qu'il accepte librement, sans contraintes. Il y a aussi les violences basées sur le genre.

14. Violences basées sur le genre

Terme générique désignant tous les actes infligés à une personne contre son gré. Elle est fondée sur les différences sociales (genre) entre h4mmes et femmes.[8] J'évoque les violences sexuelles au point suivant.

15. Violences sexuelles

---

5 Art. 222-22 Code pénal Français

6 OMS

7 *Stratégie Nationale sur les Violences Basées sur le Genre*, 2020

8 *Idem*

a. Tout acte sexuel, tentative pour obtenir un acte sexuel, un commentaire ou des avances de nature sexuelle ou des actes visant à un trafic ou autrement dirigés contre la sexualité d'une personne ;
b. En utilisant la coercition, commis par une personne indépendamment de sa relation avec la victime dans tout contexte par exemple dans le foyer ou en milieu professionnel (travail). Il convient de définir le genre.

16. Genre

Le genre est un concept se référant aux rôles sociaux, aux relations entre hommes et femmes, aux traits de caractère, aux attitudes, aux comportements, aux valeurs, aux responsabilités et aux pouvoirs et influence respectifs attribués aux hommes et aux femmes par la société.

Ce concept inclut les attentes à l'égard des caractéristiques, des aptitudes et des comportements probables des femmes et des hommes (féminité et masculinité).

Le genre est la définition que la société donne à la masculinité et à la féminité en termes de ce qui est approprié respectivement aux hommes et femmes.

Le genre est généralement influencé par les croyances culturelles, les croyances religieuses, les traditions, la communauté, les proverbes, les jeux, etc… Il est une identité acquise qui, par conséquent, peut être modifié dans le temps et au sein ou par les cultures. Que dire du sexe ?

17. Sexe

Le sexe est la différence naturelle entre les hommes et les femmes. Il fait référence aux caractéristiques biologiques et anatomiques génétiquement déterminées des femmes et des hommes. Ceux-ci se manifestent par leurs différents rôles dans la reproduction biologique. Il y a la question d'égalité à préciser.

18 . Égalité

Le fait d'être égal en terme des droits et des devoirs, des traitements, des quantités ou des valeurs, d'accès aux possibilités et aux résultats, y compris aux ressources9. Il y a l'égalité de genre à souligner.

---

9 Art.3, loi N°15/013 du 01 août 2015 portant modalité d'application des droits de la femme et de la parité

14. Égalité de genre
Absence de discrimination basée sur le sexe. Elle implique en outre une égalité de chances pour les femmes et pour les hommes qui peuvent jouer un rôle clé dans le processus majeur de développement. Il y a aussi l'égalité entre les sexes.

15. Égalité entre les sexes
Jouissance égale des droits et de l'accès aux possibilités et aux résultats y compris aux ressources, par les femmes, les hommes, les filles et les garçons10. Que dire de l'équité ?

16. Équité
Sentiment de justice naturelle fondée sur la reconnaissance des droits de chacun11.

Le concept d'équité de genre transmet une notion de justice, c'est-à-dire de pouvoir donner à chacun ce qui lui appartient, en considérant les conditions et caractéristiques de chaque genre. C'est donc un processus instaurant une plus grande justice entre les femmes et les hommes et qui cherche à assurer que les femmes, hommes, garçons et filles participent au processus du développement en prenant compte de leurs spécificités.

Ce concept est en relation avec l'égalité des résultats et des bénéfices pour les hommes et les femmes. J'évoque l'équité de genre au point suivant.

17. Equité de genre
Démarche de reconstruction sociale fondée sur la justice naturelle qui conduit à l'égalité de sexe par rapport au rôle et responsabilités dévolues aux hommes et aux femmes.

Une justice sociale, un souci de réduire les disparités et désavantages entre l'homme et la femme. Il faut penser à l'intégration de la dimension genre.

18. Intégration de la dimension genre
Processus consistant à identifier les écarts dus au sexe et à s'assurer que les préoccupations et expériences des femmes, des hommes, des filles et des garçons font partie intégrante des exercices de conception, de mise en œuvre, de suivi et d'évaluation des politiques et programmes dans toutes les

---

10 *Idem*
11 *Ibidem*

sphères, de sorte qu'ils en tirent également profit. Que signifie l'émancipation ?

19. Emancipation

L'émancipation est le fait de se libérer d'une domination, d'une contrainte intellectuelle ou morale et devenir indépendant. Il y a la question de l'avortement à signaler.

20. Avortement

- Sur le plan médical : L'avortement est une interruption d'une grossesse le plus souvent effectuée avant l'âge de viabilité (28ème semaine de gestation pour la RDC).
- Sur le plan doctrinal : l'avortement consiste dans les pratiques ou manœuvres tendant à interrompre artificiellement la grossesse, en provoquant l'expulsion avant terme du fœtus dans le but de mettre un terme à la vie du fœtus en gestation, quel que soit le stade de développement de celui-ci et indépendamment de sa viabilité. Il y a l'avortement sécurisé.

21. Avortement Sécurisé

Une interruption de grossesse avant l'âge de viabilité conduite par un personnel formé, dans un environnement d'hygiène et d'infrastructures acceptables. J'évoque la contraception au point suivant.

22. Contraception

Est l'emploi des moyens visant à empêcher qu'un rapport sexuel entraine une grossesse. C'est l'utilisation d'agents, des dispositifs, des méthodes ou des procédures pour éviter la grossesse ou diminuer la probabilité de conception. Que dire de la dépénalisation ?

23. Dépénalisation

Le fait de renoncer à poursuivre et à punir pénalement un acte considéré jusque-là comme une infraction. Il y a en outre la question de la mutilation génitale.

24. Mutilation génitale

Un acte qui porte atteinte à l'intégrité physique ou fonctionnelle des organes génitaux d'une personne12 sans raison médicale. Que dire du mariage précoce ?

---

12 Art.174 g, loi N°15/013 du 01 août 2015 portant modalités d'application des droits de la femme et de la parité

25. Mariage précoce ou mariage d'enfant

Une union où au moins une des deux personnes est âgée de moins de 18 ans[13]. J'évoque le mariage forcé au point suivant.

26. Mariage forcé

- Le mariage forcé désigne toute union, qu'elle soit civile, religieuse ou coutumière dans laquelle une des deux personnes, et parfois les deux, ont subi des menaces et/ou des violences pour les y contraindre. Ils concernent des personnes mineures et des majeures[14,15,16]. Les lignes ci-dessous parlent de la grossesse.

27. Grossesse

Est l'état d'une femme enceinte compris entre la fécondation et l'expulsion du produit de conception, soit par un accouchement, un avortement ou un mort-né. Que dire du fœtus ?

28. Fœtus

Médicalement, le fœtus est défini comme le produit de la conception au-delà de la douzième semaine de gestation, marqué par la fin de la formation des organes et le début de leur maturation, se terminant normalement par un accouchement. Que signifie le féminicide ?

29. Le féminicide (ou fémicide, gynécide ou gynocide) désigne le meurtre d'une ou plusieurs femmes ou filles pour la raison qu'elles sont des femmes. Les définitions peuvent varier selon le contexte culturel. La prise en compte juridique des féminicides varie largement de pays à pays, de même que les modes de lutte contre ceux-ci (Wikipédia). Quel est le contexte de la masculinité positive ?

Section II Contexte socioculturel de la masculinité positive

Avec la masculinité positive, lorsque la culture est un frein, la rupture doit être le refrain. J'évoque la masculinité positive, le genre et l'inclusion sociale, les rôles et les fonctions des hommes

---

13 Art.189, loi N°09/001 du janv. 2009 portant protection de l'enfant

15 Art.16, al.2 Déclaration universelle des droits humains

16 Art.6 Protocole de Maputo

et des femmes dans la société congolaise en général, les préjugés, l'inclusion sociale et le genre ?

1. Notion sur la masculinité positive, le genre et l'inclusion sociale

Les femmes représentent 51 % de la population, soit 50 millions de personnes. Selon le Global Gender Gap Report 2023, la RDC est située dans les trois derniers pays de l'Afrique subsaharienne en termes de parité, aux côtés du Mali et du Tchad, avec un score inférieur à 62 %.

ROLES DE SEXE	ROLE DU GENRE
- Biologique - Défini à la naissance - Ne peut être changé - Les mêmes dans toutes sociétés - Assumés que par l'un des deux sexes EX: La femme porte la grossesse et donne naissance	- Construction de la société - Non défini à la naissance - Peut être changé - Différer d'une société à l'autre - Assumés par les deux sexes EX. L'Homme ou la femme lave l'enfant

Les lignes ci-dessous portent sur les rôles et les fonctions des hommes et des femmes dans la société congolaise en général.

2. Rôles et fonctions des hommes et des femmes dans la Société congolaise en général

La dimension symbolique de la construction sociale du genre se traduit dans les institutions sociales. La loi, le système de parenté, le régime matrimonial, la division genrée du travail, l'organisation de l'éducation ou des services de santé sont tous un dérivé de la représentation symbolique des genres. Il s'avère que les femmes et les hommes occupent des positions sociales différentes dans ces institutions et qu'ils jouent des rôles sociaux spécifiques. Les nombreuses recherches des anthropologues féministes ont permis de prendre connaissance de la grande variabilité de ces rôles sociaux. En effet, l'organisation sociale n'est pas le résultat d'une destinée biologique de l'homme ou de la femme ; la construction sociale du genre résulte en une variété de rôles sociaux qui ne coïncident pas avec le sexe. Autrement dit, ce qui dans un contexte donné est considéré comme une responsabilité ou activité féminine ne l'est pas forcément ailleurs. L'appartenance de classe, l'âge, ou l'ethnicité jouent également un rôle dans ces variations (Neka Mbangazi Victorine et Lunduku Kasanda Bauer, Masculinité positive et construction identitaire : malaise dans la tradition, Université de Kinshasa ISSN 2666-6782, p.68).

Hommes	Femmes
- Pourvoyeur aux besoins de la famille - Défenseur de tous - Celui qui va doter la femme - Commandeur - Libre de choisir une femme - Nomme les enfants - Répudie et épouse de nouveau - Maitrise dans la polygamie	- Conseillère - Gestionnaire - Personne faible, à protéger - Exécutante - Est prise en mariage - Propose la nomination - Répudiable et attend une éventuelle sollicitation - Victime de la polygamie

Quels sont les préjugés à relever ?

3. Préjugés

Ces préjugés sont imposés par le milieu ou l'éducation sans être remis en question et empêchent de faire un jugement objectif.

Leur principale caractéristique est qu'ils minimisent ou infériorisent les femmes et exaltent la force ou la supériorité de l'homme.

C'est justement dans le rôle de l'homme que se trouve le fondement de la Masculinité positive. Comme il a été dit, la masculinité positive est l'ensemble des actions et attitudes que peut prendre une personne de sexe masculin en vue de promouvoir la protection et l'émergence d'une personne de sexe féminin au sein de la société. Elle doit d'abord être le fruit d'une conviction avant tout. Elle doit transcender tant de coutumes, de traditions, de croyances et d'autres barrières culturelles. La masculinité positive a beaucoup plus d'impacts et le résultat à obtenir plus certain dans la société lorsqu'elle résulte d'un leader social ou d'une volonté collective. Toutefois, dans l'état actuel de la question elle est plus un acte de leader que de la volonté collective. C'est ici qu'il faut souligner le leadership du Président de la République qui, grâce à son leadership a donné une impulsion particulière au point d'être qualifié de champion de la masculinité positive. La masculinité positive, dont les fruits doivent être bénéfiques à toute la société congolais, atteindra son paroxysme non du fait qu'elle sera incarnée par quelques leaders, aussi influents soient-ils, mais lorsqu'elle sera portée par une volonté collective.

Tableau des Préjugés liés au genre	
Préjugés relatifs à la femme	Préjugés relatifs a l'homme
- Douce et paisible - Affective - Impulsive et étourdie - Curieuse	- Dure et rude - Intellectuel - Ordonné et prévoyant - Indifférent

Que retenir sur l'inclusion sociale et le genre ?

4. Inclusion sociale et genre

La masculinité positive, c'est surtout accepter la différence entre les deux sexes, pour que chaque point de différence soit une richesse, un potentiel dont l'apport est essentiel pour une société épanouie.

Selon *Le Petit Robert*, le mot «inclusion » réfère à quatre définitions possibles:

La première étant la « relation entre deux classes, entre deux ensembles, dont l'un est inclus dans l'autre.» Il est ici question d'identité.

La deuxième étant une action d'intégrer une personne, un groupe, de mettre fin à leur exclusion sociale.

La troisième est aussi intéressante : « ce qui est inclus, élément inclus dans un milieu de nature différente. »

La quatrième est que l'inclusion sociale repose sur le principe que les projets doivent promouvoir une répartition plus équitable des avantages escomptés et lever toute forme d'inégalités entre les hommes et les femmes ainsi que les éventuels impacts sur les groupes vulnérables ou socialement défavorisés »

Pour Mc Andrew, Potvin et Borri-Anadon (2013) l'inclusion sociale est une approche qui permet, entre autres, aux différentes institutions d'opérer une transformation au sein d'une société non seulement participative mais aussi, dans leur cas, multiculturelle. Mais de façon générale, cette approche favorise l'intégration d'individus marginalisés dans la société afin qu'ils puissent y collaborer en toute impartialité. À cette fin, deux objectifs sont à considérer nécessaires à la réussite de l'inclusion sociale.

Premièrement, il faut reconnaître et valoriser toutes différences sociales aussi marginales soient elles et, deuxièmement, s'assurer que le traitement offert à cette clientèle soit juste et leurs droits soient protégés. De plus, les intervenants ont de lourdes responsabilités. Ils doivent considérer les différents besoins d'une clientèle variée tout en considérant les droits fondamentaux de tout un chacun, et ce, étant juste et équitable avec tous.

Contexte de la RDC sur le genre

Malgré quelques avancées observées au niveau des lois, la persistance des violences basées sur le genre caractérisées par des pesanteurs socioculturelles par rapport à certaines coutumes et à des traditions rétrogrades demeure l'un des obstacles majeurs dans nos provinces d'une manière générale pour l'intégration du genre dans les politiques et programmes de développement durable, où les bon nombre de milieu urbains et surtout ruraux, les coutumes continuent à avoir la main haute.

Sur le plan pratiques et d'après les témoignages recueillis par la plus part des femmes des différentes provinces, les résultats sur terrain démontrent que :

- Avec si maigres revenus, les femmes sont totalement dépendantes de leurs maris ;

Les femmes supportent une charge disproportionnée en raison des contraintes de temps et des problèmes de sécurité des ménages,

- Les décisions sociales et économiques au niveau du ménage sont souvent prises à la discrétion totale des membres masculins de la famille;
- Les femmes occupent rarement des postes de pouvoir dans les structures de l'État et les organisations de la société civile.

Quel est l'aperçu général sur les violences basées sur le genre dans le monde, en Afrique et en République Démocratique du Congo ?

Section III : Aperçu général sur les violences basées sur le genre dans le monde, en Afrique et en République Démocratique du Congo

Les violences basées sur le genre n'épargnent aucune société dans le monde.

Selon l'Office des Nations unies contre les drogues et le crime (UNODC), sur l'ensemble des 87 000 meurtres de femmes répertoriés en 2017, 50 000 femmes (58 %) ont été tuées par leur partenaire ou par un membre de la famille, dont 30 000 (35 %) par leur précédent ou actuel partenaire sexuel. Selon le chef de ce même UNODC, « l'endroit le plus dangereux pour une femme » est celui où elle habite ; de plus, il y a des différences marquées entre hommes et femmes par rapport aux meurtres par des proches, liées à des différences de rapports de pouvoir. L'UNODC note également qu'à l'échelle mondiale, le taux de femmes victimes d'homicide est de 13 pour un million, l'Afrique ayant le taux par continent le plus élevé et l'Asie et l'Europe le plus faible.

Le continent africain est fortement touché par les meurtres et assassinats de femmes dans la sphère conjugale ou familiale, avec 19 000 décès (dont 10 000 dus au partenaire intime), et un taux de 3,1 féminicides de ce type pour 100 000 femmes. Plus des deux tiers (69 %) des femmes tuées en 2017 l'ont été par leur partenaire ou par un membre de la famille. C'est donc au sein de son environnement familial qu'une Africaine a la plus forte probabilité d'être tuée.

De façon plus marginale, l'Afrique connaît tout comme l'Asie et les îles du Pacifique des féminicides dus à des accusations de sorcellerie, bien que les statistiques incomplètes ou non fiables ne permettent pas d'en délimiter l'importance. Même si de jeunes filles peuvent être accusées de sorcellerie, le risque augmente avec l'âge et en milieu rural, et les veuves y sont le plus fortement exposées (source : Wikipédia).

De manière générale, en RDC, le phénomène des violences basées sur le genre dont fait partie le féminicide est très répandu et demeure préoccupant à travers l'ensemble du territoire national.

Il existe plusieurs types des violences basées sur le genre, dont les violences sexuelles, lesquelles ont atteint dans notre pays, l'ampleur d'un problème de santé publique, suite aux guerres et divers troubles sociaux que le pays connaît depuis deux décennies. A ce sujet, il y a lieu de souligner que la guerre, à l'instar de celle menée injustement par la Rwanda contre la République Démocratique du Congo, constitue un grand frein aux efforts de la mise en œuvre de la masculinité positive telle que prônée par le Président de la République, Son Excellence Félix Tshisekedi en ce sens que la femme est la première victime des atrocités qu'elle porte dans sa chaire et son esprit. Ce qui la rend inefficace pour jouer pleinement le rôle que la société congolaise attend d'elle.

Une meilleure prise en charge des victimes/survivants(es) implique inévitablement la maîtrise des concepts liés aux

violences basées sur le genre ; ce qui n'est pas encore le cas pour la plupart d'intervenants.
L'objectif poursuivi est de permettre aux électeurs de comprendre et de discuter d'une manière claire sur les violences basées sur le genre, des facteurs qui les renforcent et comment les communautés peuvent contribuer à les réduire et à les prévenir.
Exemple d'une femme qui vit avec un homme violent son comportement se traduit par:

- La femme est prise dans le cycle de la violence conjugale;
- Elle a honte d'en parler, se sent coupable et vit beaucoup d'impuissance ;
- Elle craint d'être jugée et de ne pas être crue ;
- Elle croit que son époux peut changer, car il le lui a promis ;
- Elle a peur des futures menaces et peur pour ses enfants ;
- Elle craint des conséquences pour son mari, ses enfants et pour elle-même si elle devait les quitter ;
- Elle a peur de perdre ce qu'elle a investi tant d'années ;
- Elle croit que la situation peut changer mais s'aggrave du jour au jour ;
- Elle se sent responsables de briser la famille ;
- Elle a des considérations à ses parents, ses beaux-parents qu'elle ne veut pas vexer ;
- Elle ignore les lois qui la protègent et croit que les lois ne peuvent rien pour la protéger ;
- Elle aime son époux, mais n'aime pas ses comportements violents.

  J'évoque les formes des violences basées sur le genre, la stratégie nationale de lutte contre les violences basées sur le genre et les mécanismes de la prise en charge holistique des victimes des Violences basées sur le genre.

§1. Forme des violences basées sur le genre
L'une des conséquences des violences basées sur le genre, c'est désormais, le complexe d'infériorité et même le sentiment de

chosification dont certaines femmes souffrent et que la masculinité positive doit aider à guérir.

1. Violences psychologiques ou émotionnelle
2. Violences sexuelles
3. Violences économiques
4. Violences physiques
5. Violences domestiques

Il sied de noter que la violence sexuelle est exercée par une personne connue de la femme ou par un inconnu.

La violence exercée par un partenaire intime qui peut être une violence physique, une violence sexuelle, un abus émotionnel ou psychologique et les comportements brutaux.

1. Violence psychologique ou émotionnelle

La masculinité positive, c'est l'adoption d'un nouveau vocabulaire à l'égard de la femme pour que chaque mot lui adressé soit une lumière qui chasse ses doutes et ses peurs.

On parle de violence psychologique lorsqu'une personne adopte une série d'attitudes et de propos qui visent à dénigrer et à nier la façon d'être d'une autre personne. Ces paroles ou ces gestes ont pour but de déstabiliser ou de blesser l'autre.

Typologie des violences psychologiques

Le contrôle

- Le contrôle c'est surveiller quelqu'un de façon malveillante avec l'idée de le dominer et de le commander.
- EX: le contrôle des heures de sommeil, des heures des repas, des dépenses, des relations sociales et même des pensées (je veux savoir à quoi tu penses !).
- L'isolement

Pour que la violence puisse se perpétuer, il faut isoler progressivement la femme de sa famille, de ses ami(e)s, l'empêcher de travailler, d'avoir une vie sociale.

La jalousie pathologique

Suspicion constante, attribution d'intention non fondée, qui se traduisent par la surveillance des coups de téléphone, l'emploi du temps, les relations avec la famille, les amis, …

D'une façon générale, aucune explication rationnelle ne vient apaiser une jalousie pathologique car il s'agit ni plus ni moins que d'un refus d'une réalité.

- *Le dénigrement*

Il s'agit avant tout d'atteindre l'estime de soi de la personne, lui monter qu'elle ne vaut rien, qu'elle n'a aucune valeur. La violence s'exprime sous forme d'attitudes dédaigneuses et de paroles blessantes, de propos méprisants, de remarques déplaisantes.

- *Des propos de rabaissement*

Voici des propos de rabaissement des femmes:

- Il est très difficile; il est même inconcevable d'avoir les mêmes droits avec les filles parce que nous avons déjà vu des choses que les filles ne sont pas en mesure de faire.
- Il est possible d'avoir l'égalité entre les filles et les garçons, mais pas dans toutes les questions parce que les filles ne sont pas en mesure de payer la dot afin d'obtenir un homme et d'obtenir les choses nécessaires pour organiser un mariage, seuls les hommes font toujours ça.
- Nous, les garçons, sommes supérieurs aux filles, il est de notre devoir de chercher de la nourriture pour la famille et d'ailleurs, Dieu dit que nous serons toujours supérieur à eux, une fille doit être l'aide de l'homme, elle est une petite chose et d'ailleurs, elle existe parce que l'homme a commencé à exister, une femme est l'os de l'homme.
- Les femmes ne construisent pas un pays.

- Le harcèlement

En répétant à satiété un message à quelqu'un, on parvient à saturer ses capacités critiques et son jugement et à lui faire accepter n'importe quoi.

Exemple: des discussions sans fin pour extorquer des aveux, jusqu'à ce que la personne, épuisée, finisse par céder.

Les humiliations:

Rabaisser, ridiculiser l'autre on ne le respecte pas. Cracher à la figure, faire des gestes obscènes, des grimaces quand la personne parle, proférer des insultes le plus souvent à teneur sexuelle, fait naître un sentiment de honte et vise l'estime de soi de la personne qui finira par intégrer la dépréciation et ne se sentira plus digne d'être aimée.

- Les actes d'intimidation

Claquer les portes, briser des objets pour manifester sa mauvaise humeur constituent des actes d'intimidation.
Quand une personne se défoule sur des objets, la partenaire peut l'interpréter comme une forme de violence maîtrisée.

Il s'agit tout de même bien d'une violence indirecte. Le message à faire passer à l'autre est « regarde ce que je peux (te) faire ! »

Les menaces

La menaces est une forme de la violence psychologique : on menace d'enlever les enfants, de priver d'argent, de frapper, de se suicider, si la femme n'agit pas dans le sens attendu. Que dire des violences physiques ?

2. Violences physiques

Cette forme de violence est la plus visible. Les violences physiques font référence aux coups et blessures.
ex: la secoue, la gifle, la pince, l'écrase contre un mur, l'immobilise, l'attache, l'étrangle… J'évoque les violences sexuelles au point suivant.

3. Violences sexuelles

Les violences sexuelles sont à la femme ce que la rouille est au fer, ce que l'eau est au bois, avec le temps il fini par le dévaloriser.

- Les violences sexuelles sur le lieu de travail

- Les employés de maison sont exposés à des actes de violence sexuelle.
- Les violences sexuelles à l'égard des marchandes ambulantes, des travailleurs du sexe
- Les fillettes et les femmes prostituées sont souvent abusées par des hommes contre une "protection"

Texte de base pour la lutte contre les violences sexuelles sur le lieu de travail : l'Arrêté ministériel n° 12/CAB.MIN/TPS/114/2005 du 26 octobre 2005 portant interdiction du harcèlement sexuel ou moral dans l'exécution d'un contrat du travail)

- Les violences sexuelles en milieu scolaire

- L'école est un endroit où de nombreux enfants et jeunes filles sont victimes de violences et de harcèlement sexuels. Ces violences sont perpétrées :
- par des camarades d'école

- par les enseignants
    - ➢ Les violences sexuelles en milieu médical

Parmi les violences perpétrées en milieu médical, citons :

- les mutilations génitales (parfois pratiquées clandestinement en Occident par des médecins peu scrupuleux des législations)
- les examens gynécologiques forcés (notamment ceux visant à s'assurer de la virginité des jeunes filles)
- les avortements forcés de fœtus du sexe féminin
    - ➢ La violence sexuelle en milieu de détention
- Des hommes et des femmes sont victimes de violences sexuelles alors qu'ils sont en garde à vue ou en prison. Celles-ci vont du harcèlement physique ou verbal à la torture sexuelle, en passant par le viol.

Texte de base d'application :

- Article 77 de l'Ordonnance n°78-289 du 3 juillet 1978 relative à l'exercice des attributions d'officier et agents de police judiciaire près les juridictions de droit commun : Les personnes gardées à vue sont enfermées dans un local prévu à cet effet ou placées sous la surveillance des agents de l'ordre. Les hommes, les femmes et les enfants sont tenus séparé.
- Article 39 de l'Ordonnance 344 du 17 septembre 1965 portant Régime pénitentiaire : Les détenus sont en règle générale, enfermés dans les locaux, destinés à l'emprisonnement en commun. Les femmes sont séparées des hommes.

Que dire des violences économiques ?

4. Violences économiques

Aucune chose, aucun être n'a de la valeur que celle qui lui est attribuée, la masculinité positive est cette attitude d'accorder de la valeur méritée à la femme.

La violence économique est une des formes de violence psychique. Elles se traduisent par des comportements qui ont tous pour but d'exercer un contrôle sur la victime et de réprimer la libre formation de sa volonté.

❖ Elles englobent:

- l'interdiction de travailler,
- le travail forcé,

- la saisie du salaire et la détention par un seul partenaire du pouvoir de décision concernant les ressources financières. Les violences économiques se traduisent par une privation d'accès aux ressources financières propres et /ou aux ressources du ménage.
- Au quotidien, elles se manifestent par le fait de tout décider en choisissant toutes les dépenses, en refusant d'impliquer la victime au niveau du budget, en contrôlant ses revenus, en lui reprochant ses moindres dépenses, voire en l'empêchant de conserver un emploi ou d'encaisser son salaire.
- Contracter des dettes, mettre le ménage en situation d'endettement est également une façon de déposséder la victime de toute autonomie financière et de l'empêcher de quitter l'agresseur.

Texte de base à appliquer : article 86 du Code du travail : A conditions égales de travail, de qualification professionnelle et de rendement, le salaire est égal pour tous les travailleurs, quels que soient leur origine, leur sexe et leur âge. Il y a aussi des violences domestiques.

5. Violences domestiques

La violence domestique est le fait qu'une personne exerce ou menace d'exercer une violence physique, psychique ou sexuelle au sein d'une relation familiale, conjugale ou maritale en cours ou dissoute tels que décrit dans cette typologie.

Elle englobe :

a. la violence contre les femmes dans les relations de couple et les situations de séparation ;
b. la violence contre les enfants et les adolescents au sein de la famille ;
c. la violence contre les personnes âgées dans le cadre familial ;
d. la violence entre frères et sœurs.

Quelles sont les stratégies nationales de lutte contre les violences basées sur le genre ?

§2. La stratégie nationale de la lutte contre les violences basées sur le genre (VBG)

En sa qualité de Champion de la masculinité positive de l'Union africaine, le Chef de l'Etat Félix Antoine Tshisekedi a présidé, le lundi 19 juin 2023 à Kinshasa, la cérémonie d'ouverture de la Conférence internationale sur les violences basées sur le genre (VBG).

« Travailler ensemble pour mettre fin aux violences basées sur le genre en RDC », c'est le thème retenu pour ces assises de deux jours qui regroupent différents acteurs, nationaux et internationaux, qui travaillent dans la problématique de violences sexuelles et autres violences faites à la femme.

« J'ai personnellement tenu à lancer cette conférence afin de réaffirmer mon engagement à tout mettre en œuvre pour que la République démocratique du Congo (RDC) en particulier et l'Afrique en général deviennent des espaces où les droits des femmes seront autant respectés que ceux des hommes », a déclaré le président Tshisekedi. Il dit resté déterminé à « travailler pour que les hommes améliorent leur perception de l'image et du rôle que la société attribue à la femme » (Cellcom / presidence.cd).
Dans le but de prévenir et de réduire les violences basées sur le genre (VBG), ainsi que d'assurer une prise en charge holistique des victimes, en 2009, le gouvernement de la République Démocratique du Congo a lancé officiellement le document de Stratégie Nationale de Lutte contre les Violences Basées sur le Genre.
En 2014, le gouvernement a lancé, avec l'appui des partenaires financiers, une étude d'évaluation de la mise en œuvre de la SNVBG. La principale recommandation de cette étude était de procéder à la révision de la SNVBG , compte tenu du fait que celle-ci ne prenait pas en compte les différentes formes des violences sexuelles basées sur le genre , n'était pas mise en œuvre dans la partie ouest du pays, n'était pas réaliste(230 activités à réaliser en 2 ans), n'était pas bien structurée, n'avait

pas été suffisamment vulgarisée, et est demeurée par conséquent peu connue.
J'évoque le contexte et l'état des lieux des VBG, la stratégie, la Stratégie Nationale de lutte contre les Violences Basées sur le Genre révisée et adaptée le 5 juin 2020, la composante Stratégique 1 : Prévenir les violences sexuelles et basées sur le genre, la composante 3 : Renforcer l'éducation sur les VBG dans le processus de socialisation des enfants et des jeunes, la composante la composante 5: assurer la prise en charge holistique des victimes, 6: renforcer la sécurité et la protection des populations dans une perspective Genre, et la composante Stratégique 7 : collecte des données, suivi et évaluation de la mise en œuvre de la SNVBG

Contexte et Etat des lieux des VBG

- Universalité de la problématique des VBG
- Phénomène très répandu et préoccupant en RDC à travers l'ensemble du territoire national.
- La Base des données du Ministère du Genre Famille et Enfant indique l'augmentation du nombre de cas rapportés de 2010 (1946 cas) à 2018 (35709 cas), avec un pic en 2017 (38705 cas) pour ne considérer que cette période.

Il faut entendre par Violences Basées sur le Genre "Tous actes de violence dirigés contre le sexe féminin, et causant ou pouvant causer aux femmes un préjudice ou des souffrances physiques, sexuelles ou psychologiques, y compris la menace de tels actes, la contrainte ou la privation arbitraire de liberté, que ce soit dans la vie publique ou dans la vie privée" (Déclaration des Nations Unies sur l'élimination de la violence à l'égard de la femme, 1993).
Il sied de noter que les VBG ne se limitent pas aux violences sexuelles, plusieurs autres types de VBG sont perpétrées en RDC:

- *Les violences domestiques,*
- *Les mariages forcés et incestueux,*
- *Les mariages précoces,*
- *La privation des ressources,*
- *Le déni d'héritage,*

- *La maltraitance/purification des veuves,*
- *Les interdits alimentaires aux femmes,*
- *Le contrôle marital,*
- *La répudiation,*
- *L'autorisation maritale,*
- *Le non accès des femmes à la terre et aux autres moyens de production,*
- *Les mariages consanguins,*
- *Le harcèlement sexuel en milieu scolaire et professionnel,*
- *Les avances sexuelles déplaisantes, etc.*

Les femmes victimes des VBG sont généralement jeunes (20-34 ans), elles ont un faible niveau d'instruction quoique les violences physiques graves concernent aussi les femmes universitaires. Ces femmes ont un faible niveau de vie, elles sont pauvres et travaillent le plus souvent dans le secteur agricole et le commerce.

Contrairement à ce qu'on pense, les VBG ne sont pas seulement perpétrées dans la partie Est du pays, où sévissent des troubles politiques, des guerres et des rébellions à répétition. Bien au contraire, elles sont répandues à travers l'ensemble du territoire national.

A propos des violences domestiques par exemple, EDS 2013-2014 indique que dans l'ensemble, près de la moitié (43 %) de femmes congolaises ont déclaré, en 2013, avoir subi l'un ou l'autre type de violences domestiques.

Quatre raisons principales expliquent l'importance de ce fléau en RDC :

1) les normes socioculturelles qui relèguent la femme au second plan dans les structures sociales et ce, dans toutes nos tribus ;
2) les troubles et l'instabilité politique que le pays a connus, et dont les effets perdurent jusqu'à ce jour (rébellions, guerres et affrontements armés à répétition, notamment à l'Est du pays) ;
3) la pauvreté des victimes parce qu'elle les expose au risque de subir les VBG ; et
4) l'impunité des acteurs.

Pourquoi faut-il lutter contre les VBG?

- les VBG sont une des violations flagrantes des droits universels des droits de l'Homme. C'est pourquoi, la Constitution de la RDC les condamnent en ses articles 14 et 15;
- En effet, la lutte contre les VBG se justifie aussi à cause des graves conséquences qui en résultent pour les femmes victimes (transmission et contamination des IST et du VIH/SIDA, perte de confiance en soi, déshumanisation et exclusion par la famille et la société, grossesses et enfants non désirés, exclusion et rejet des enfants issus des viols, etc) et pour la société congolaise (renversement des liens sociaux et familiaux, destruction du tissu social et des communautés, destruction des structures de production, etc.

En 2009, devant la gravité de la situation liée aux violences sexuelles dues aux conflits armés dans la partie Est du pays, une Stratégie Nationale de Lutte contre les Violences Basées sur le Genre (SNVBG) a été adoptée.

En 2015, soit 6 ans après son lancement par le Gouvernement, il s'est avéré nécessaire de procéder à sa révision après avoir constaté des faiblesses dans le processus de sa mise en œuvre, notamment le dysfonctionnement dans la coordination des activités de lutte, le faible financement y alloué, la concentration des activités à l'Est du pays, etc.

En effet, les chiffres sur les VBG sont demeurés préoccupants sur l'ensemble du territoire national.

- La Stratégie Nationale de lutte contre les Violences Basées sur le Genre révisée et adaptée le 5 juin 2020.

A la différence de la SNVBG de 2009 qui se préoccupait principalement des violences sexuelles perpétrées dans le contexte de conflit et post-conflit, surtout dans la partie Est du pays, la SNVBG révisée s'intéresse à toutes les formes des violences basées sur le genre et prend en compte les réalités vécues dans les 26 provinces de la RDC.

Elle cherche par ailleurs à relever le défi de la coordination et de l'évaluation des activités.

La SNVBG révisée comporte 7 composantes, 28 résultats attendus (axes stratégiques) et 129 activités qu'il va falloir mener en cinq ans pour mieux lutter contre les VBG.

Elle a été adoptée le 5 juin 2020 par le Gouvernement.
Cette nouvelle stratégie de lutte contre les VBG est constituée des 7 composantes et plusieurs axes prioritaires à savoir :

1. Composante stratégique 1 : prévenir les violences sexuelles et basées sur le genre.
2. Composante stratégique 2 : renforcer l'autonomisation de la femme congolaise
3. Composante 3 : Renforcer l'éducation sur les VBG dans le processus de socialisation des enfants et des jeunes
4. Composante 4 : Renforcer la sécurité et la protection des populations dans une perspective Genre
5. Composante 5 : Assurer la prise en charge holistique des victimes
6. Composante 6 : Justice et lutte contre l'impunité des auteurs des VSBG
7. Composante Stratégique 7 : collecte des données, suivi et évaluation de la mise en œuvre de la SNVBG

Composante Stratégique 1 : Prévenir les violences sexuelles et basées sur le genre.
La SNVBG révisée accorde une place primordiale à la prévention des VBG et prévoit des axes stratégiques à la fois pertinents et réalistes pour cette composante. L'effet attendu est que les VBG soient mieux connues et prévenues efficacement par les communautés, les autorités, les forces de sécurité et de maintien de la paix, le monde du travail, les populations, dont les femmes et les jeunes.
Cinq axes stratégiques sont prévus pour cette composante :

- Axe stratégique 1 : Identifier et mieux comprendre les causes profondes, les conséquences et les moyens de lutte contre les VBG
- Axe stratégique 2 : Engager les communautés et les individus dans un changement de comportements vis-à-vis des VBG
- Axe stratégique 3 : Promouvoir les droits à la santé sexuelle et reproductive des femmes et des jeunes adolescentes
- Axe stratégique 4 : Renforcer les mécanismes de protection

- Axe stratégique 5: Renforcer le cadre légal et réglementaire

Composante Stratégique 2 : Renforcer l'autonomisation de la femme congolaise

La SNVBG révisée s'inscrit dans ce cadre de la Politique Nationale Genre et réserve une place importante à la dimension économique de la situation de la femme. Cette composante poursuit comme objectif de permettre à la femme congolaise de jouir d'un statut socioéconomique qui puisse accroître sa respectabilité et lui donner les moyens de se protéger contre les risques des VBG. Trois grands axes stratégiques sont prévus pour ce faire:

- Axe stratégique 1 : Appuyer le développement des AGR et des structures d'assistance socioéconomique en faveur des femmes, en particulier celles qui sont les plus vulnérables
- Axe stratégique 2 : Renforcer le leadership des femmes
- Axe stratégique 3 : Impliquer l'Homme dans la lutte contre les VSBG

Composante 3 : Renforcer l'éducation sur les VBG dans le processus de socialisation des enfants et des jeunes

Les politiques et programmes de lutte contre les VBG devraient parvenir à améliorer le cadre d'apprentissage et d'intervention sur les VBG. Ce cadre est constitué des principales instances de socialisation de l'enfant : l'école, la famille, l'église, la communauté, et les médias. Une fois ce cadre amélioré, la connaissance sur les VSBG s'en trouvera renforcée, tout comme les causes et les mécanismes de lutte contre ce fléau.

La SNVSBG révisée se propose d'améliorer ce cadre à travers 3 axes stratégiques:

- Axe stratégique 1 : Améliorer l'environnement scolaire et communautaire d'apprentissage et d'intervention sur les inégalités de genre et les VBG
- Axe stratégique 2 : Eduquer les enfants sur les faits, les causes, les conséquences et les moyens de prévention des VBG

- Axe stratégique 3 : Favoriser la communication interpersonnelle entre parents et enfants

Composante 4 : Renforcer la sécurité et la protection des populations dans une perspective Genre
Il est question d'inscrire la gestion de la sécurité humaine dans une perspective genre. La sécurité humaine s'entend ici comme « la protection contre tout événement brutal susceptible de perturber la vie quotidienne ou de porter préjudice à son organisation dans les foyers, sur le lieu de travail ou au sein delà communauté ».
La SNVBG révisée se propose d'inscrire la gestion de la sécurité dans une perspective genre à travers 4 axes stratégiques:

- Axe stratégique 1 : Mettre en œuvre les plans nationaux de lutte contre les VBG par les services de sécurité
- Axe stratégique 2 : Renforcer les capacités des services de sécurité et de défense sur les questions de VBG
- Axe stratégique 3 : Renforcer les capacités des Organisations de la Société civile dans leur rôle de veille des institutions en charge de la sécurité
- Axe stratégique 4 : Appuyer la réinsertion socio-économique des femmes et des filles sorties des groupes armés

Composante 5 : Assurer la prise en charge holistique des victimes
La diversité des violences basées sur le genre appelle un accompagnement spécifique, individualisé et adapté à la violence subie et au profil de la victime ou survivante. Les violences les plus graves, tel le viol ou les sévices corporels, ont de profondes répercussions à court et à long terme sur la santé physique, psychologique et même sur la condition socio-économique des victimes. Le principe directeur consiste à comprendre l'état de la victime, afin de cerner ses besoins, en vue d'un accompagnement approprié, permettant ainsi sa réhabilitation dans sa dignité, sa personnalité et sa résilience.
La SNVBG révisée s'attèlera à assurer la prise en charge des victimes à travers les axes suivants:

- Axe stratégique 1 : Assurer l'assistance psycho-sociale aux victimes
- Axe stratégique 2 : Assurer l'assistance médicale aux victimes des VBG
- Axe stratégique 3 : Assurer la gestion des cas et le référencement des victimes vers les structures judiciaires et leur suivi
- Axe stratégique 4 : Assurer la réintégration socioéconomique aux victimes des VBG
- Axe stratégique 5 : Renforcer les services de protection sociale

Composante 6 : Justice et lutte contre l'impunité des auteurs des VSBG

La lutte contre l'impunité des auteurs des violences basées sur le genre tire sa pertinence d'une part du contexte socioculturel général de la RDC, où l'on a longtemps considéré la femme comme inférieure à l'homme et au service de celui-ci. C'est ainsi que la communauté à tendance à les tolérer et à les considérer comme de simples faits divers, ou à les cacher, lorsqu'il s'agit des violences sexuelles, surtout lorsque celles-ci sont commises dans le cadre familial, professionnel, scolaire ou confessionnel.

La SNVBG révisée poursuivra les efforts de lutte contre l'impunité à travers les axes stratégiques ci-après:

- Axe stratégique 1 : Appuyer la conscientisation et le renforcement des capacités des magistrats et auxiliaires de la justice sur les questions des VBG
- Axe stratégique 2 : Encourager les communautés à la culture de la dénonciation des cas des VBG
- Axe stratégique 3 : Faciliter l'accès à la justice à toute personne victime des VBG
- Axe stratégique 4 : Appuyer la rééducation des auteurs des VBG et assurer la prévention des VSBG en milieu pénitentiaire

Composante Stratégique 7 : collecte des données, suivi et évaluation de la mise en œuvre de la SNVBG

Cette composante permettra de mesurer les progrès réalisés dans la mise en œuvre de la SNVBG révisée, au regard des résultats

attendus et de leurs impacts sur les bénéficiaires. Elle permettra de voir si l'avancement de la mise en œuvre est conforme à la programmation, en comparant les rendements prévus et ceux qui sont atteints, à partir des indicateurs de performance qui sont calculés, tenant compte du niveau de satisfaction des victimes et survivant(e)s, mais aussi de l'ensemble de la population.
Pour cela, il est prévu cinq (5) axes stratégiques:

- Axe stratégique 1 : Renforcer le système de collecte de données et de gestion de l'information sur les VBG
- Axe stratégique 2 : Mettre en place un cadre de suivi-évaluation
- Axe stratégique 3 : Mettre à jour la cartographie des intervenants œuvrant dans la lutte contre les VBG sur toute l'étendue de la RD Congo
- Axe stratégique 4 : Rapporter (élaborer et publier des rapports annuels sur la mise en œuvre de la SNVBG.

Pour sa mise en œuvre, il est demandé à toute les institutions du pays de pour s'impliquée et cela à tout le niveau en tenant compte de la prise en charges holistique des victimes des VBG dans notre pays (Ministères de la Justice et droits humains ; du Genre, Famille et Enfants ; de la Santé ; de l'Enseignement primaire et secondaire ; de l'Enseignement Supérieur et Universitaire ; de l'Emploi, Travail et Prévoyance sociale ; des Affaires Sociales et Humanitaires ; de la Défense nationale ; de l'Intérieur et Sécurité ; les FARDC, ; la PNC ; la Cellule d'Etudes et de Planification pour la Promotion de la Femme, de la Famille et de la Protection de l'Enfant (CEPFE en sigle) et l'Agence Nationale de lutte contre les Violences faites à la Femme et à la jeune Fille (AVIFEM).
Quels sont les mécanismes de la prise en charge holistique des victimes des VBG ?

§3. Les mécanismes de la prise en charge holistique des victimes des VBG

La SNVBG révisée s'intéresse à toutes les formes des violences basées sur le genre et prend en compte les réalités vécues dans les 26 provinces de la RDC.
Malgré les avancées, le contexte actuel des VBG en RDC demeure toujours inquiétant Selon le rapport des Nations Unies

sur les Droits Humains du 7 septembre 2021 indique par ailleurs que les spécialistes VBG en RDC ont constaté que le nombre d'incidents rapportés en 2020 a augmenté passant de 42 920 cas en 2019 à 70 142 en 2020, soit une hausse de 63%.

Conclusion

Par manque de « Centre Intégré des Services Multisectoriels pour la prise en charge holistique des Survivantes et Survivants des VBG en sigle CISM » sur toute l'étendue du pays, l'accès aux soins demeure encore un défi de façon générale, il demeure encore plus grand pour les survivants : difficile accès aux structures de santé, manque de moyens financiers pouvant couvrir les soins, la méconnaissance des services disponibles pour une prise en charge holistique des Survivants et Survivantes des VBG.

Sur les 62 517 cas des VBG déclarés au pays au premier semestre de 2021, 61,8% ont bénéficié d'une prise en charge médicale, 36,6 % d'un soutien psychosocial, 28,5% d'un soutien socio-économique, et seulement 5,3% d'un accompagnement juridique, selon les spécialistes du sous-cluster VBG.

Pour éradiquer ce fléau, nécessite une application stricte des instruments juridiques internes et externes en vigueur dans notre pays. Quel est le cadre pratique de la masculinité positive en République Démocratique du Congo ?

Chapitre deuxième

Cadre pratique de la masculinité positive en République Démocratique du Congo

Le second chapitre a pour objet le cadre pratique de la masculinité positive en République Démocratique du Congo. Comme une plante, la masculinité positive ne peut produire ses fruits que quand elle est régulièrement arrosée par le courage et la détermination de chacun.

Ce chapitre est organisé en huit sections : les éléments clefs de la masculinité positive, quelques éléments clés de la masculinité positive en République Démocratique du Congo, les cadres juridiques relatifs aux droits de la femme en République Démocratique du Congo, l'évolution des instruments sur les droits de la femme, l'analyse critique de la loi n°15/013 du 1er aout 2015 portant modalités d'application des droits de la femme et de la parité, l'impact de la loi n°15/013 du 1er aout 2015 portant modalités d'application des droits de la femme et de la parité dans l'arsenal juridique congolais, les modalités de la mise en œuvre loi n°15/013 du 1er aout 2015 portant modalités d'application des droits de la femme et de la parité, les défis et obstacles de la masculinité positive en République Démocratique du Congo.

Section 1. Aperçu général de la masculinité positive

Le Gouvernement de la République Démocratique du Congo s'est dotée d'une stratégie de promotion de la masculinité positive et fixe la commémoration au 31 mars comme journée "non chômée et payée".

Le dossier relatif à l'adoption de la stratégie nationale de promotion de la masculinité positive et à la commémoration de la journée nationale de la masculinité positive a été adopté vendredi 11 octobre 2024 lors de la dix-septième réunion du

Conseil des ministres, présidée à la Cité de l'Union Africaine par le Président Félix-Antoine Tshisekedi.
La masculinité positive en République Démocratique du Congo (RDC) est un concept qui vise à promouvoir des modèles de comportement masculins qui favorisent l'égalité des sexes, le respect mutuel et la non-violence. Dans un contexte où des stéréotypes de genre traditionnels peuvent conduire à des attitudes violentes ou discriminatoires, la masculinité positive cherche à redéfinir le rôle des hommes dans la société.
La masculinité positive est un appel à une véritable mutation. Celle-ci n'est pas facile à cause de certaines barrières liées à nos cultures et traditions, car la résistance au changement peut provenir de plusieurs sources. Nous considérons que la masculinité positive est une nouvelle vision de la relation homme-femme imposée par l'occident afin de détruire l'ordre social longtemps établi non seulement en Afrique, mais plus particulièrement en RDC, soutient pourtant la suprématie de l'homme sur la femme pour la cohésion et le maintien d'une famille. La construction identitaire, ce nouveau concept actuel fondé sur la masculinité positive, vient normaliser les relations entre partenaires de sexe opposé en se basant sur le respect des droits de l'Homme Ils renchérissent leur thèse en disant que, à l'ère de la modernité et de la mondialisation, l'homme doit faire de la femme une partenaire égale (Neka Mbangazi Victorine et Lunduku Kasanda Bauer, Masculinité positive et construction identitaire : malaise dans la tradition, Université de Kinshasa ISSN 2666-6782, p.59).
Quels sont les éléments clefs de la masculinité positive en République Démocratique du Congo ?

Section II Quelques éléments clés de la masculinité positive en République Démocratique du Congo

1. Éducation et Sensibilisation : La sensibilisation sur les questions de genre est cruciale. Des initiatives éducatives peuvent aider les hommes à comprendre l'importance de l'égalité des sexes et à remettre en question les normes traditionnelles de la masculinité.

A titre illustratif de la sensibilisation, la conférence sur la masculinité positive qui s'était tenue, le jeudi 25 novembre 2021 à Kinshasa, Capitale de la République Démocratique du Congo en présence des cinq chefs d'Etat. L'objectif de cette grande rencontre était de "galvaniser la masculinité positive pour mettre un terme au fléau de la violence en Afrique". C'est le Chef de l'État congolais, Félix Tshisekedi, alors Président en exercice de l'Union africaine qui avait ouvert la cérémonie en présence des présidents Macky Sall du Sénégal, Nana Akufuo du Ghana, Denis Sassou Nguesso de la République du Congo, Faure Gnassingbé du Togo, Paul Kagame du Rwanda ainsi qu'Ellen Johnson Sirleaf, Présidente honoraire de Sierra Leone.

2. Modèles de Rôle Positifs : La mise en avant d'hommes qui incarnent des valeurs de respect et d'égalité peut inspirer d'autres à adopter des comportements similaires.

Ainsi, en date du 17/11/2022, il y a eu l'Appel à l'action de Dakar des Chefs d'État de l'Union Africaine sur la masculinité positive dans le leadership pour mettre fin à la violence faite aux femmes et aux filles en Afrique. A cet effet, il a été mis en évidence les efforts et le leadership de Son Excellence M. Felix Antoine Tshisekedi Tshilombo, Président de la République démocratique du Congo (RDC), qui a organisé la première Conférence des hommes de l'Union africaine sur la masculinité positive dans le leadership pour mettre fin à la violence contre les femmes et les filles (VAWG) en Afrique, à Kinshasa, en République démocratique du Congo, le 25 novembre 2021.

Dans la même lancée, le Président de la République Démocratique du Congo, Son Excellence Felix Antoine Tshisekedi Tshilombo, avait été félicité pour sa nomination comme premier champion de l'UA sur la masculinité positive et l'adoption de la Déclaration de Kinshasa lors du 35e Sommet et Assemblée des Chefs d'État et de gouvernement de l'Union Africaine qui se sont tenus à Addis-Abeba, en Éthiopie, le 3 février 2022

3. Engagement dans les Droits des Femmes : Les hommes peuvent jouer un rôle actif en tant qu'alliés dans la lutte pour les droits des femmes, en défendant l'égalité et en s'opposant à la violence de genre et aux discriminations.

4. Santé Mentale et Émotionnelle : Encourager les hommes à exprimer leurs émotions et à rechercher du soutien pour leur santé mentale contribue à un modèle de masculinité plus sain et équilibré.
5. Participation à la Vie Familiale : Promouvoir l'implication des hommes dans les tâches domestiques et la parentalité aide à redéfinir les rôles dans la famille et à favoriser des relations égales.
6. Prévention de la Violence : Des programmes visant à prévenir la violence basée sur le genre en impliquant des hommes dans des discussions sur la masculinité, le consentement et le respect peuvent faire une différence significative.
7. Culture et Traditions : En RDC, les traditions et la culture ont un impact fort sur les comportements masculins. Travailler avec les leaders communautaires pour adapter ces traditions à des idéaux plus égalitaires peut être un moyen efficace de promouvoir la masculinité positive.
Que dire du cadre juridique relative aux droits de la femme en République Démocratique du Congo ?

Section III Cadres juridiques relatifs aux droits de la femme en République Démocratique du Congo

Après la deuxième guerre mondiale devant les atrocités qu'ont connu les genres humains en général et les femmes en particulier, sous l'impulsion des Nations Unies, les Etats ont convenu de mettre en place un certain nombre d'instruments juridiques au niveau international, régional et national pour promouvoir l'équité du Genre dans les Etats.

1. Instruments juridiques internationaux

- En 1948 : La Déclaration Universelle des droits de l'homme (DUDH), consacre déjà à son article premier que tous les êtres humains naissent libres et égaux en dignité et en droit.

En effet, il s'est avéré qu'il n'y a pas plus important que les droits de l'homme dans la recherche de la paix, la sécurité et le développement en Afrique et dans le monde. Les droits de l'homme, par définition même, touchent pratiquement tous les aspects de notre vie et doivent être garantis, protégés, défendus et respectés en toute circonstance. Le respect des droits de l'homme constitue la fondation sur laquelle repose la structure politique, économique, sociale et juridique des libertés humaines.

- En 1966 : Le Pacte International relatif aux droits civils et politiques (PIDCP) ratifié sans réserve par la RDC le 01/11/1976 dans son article 6.1. stipule que : « Le droit à la vie est inhérent à la personne humaine. Ce droit doit être protégé par la loi. Nul ne peut être arbitrairement privé de la vie. » et pour préciser que les droits humains s'appliquent dans tous les domaines de la vie.
- En 1979: La CEDEF (Convention sur l'élimination de toutes les formes des discriminations à l'égard de la femme); ratifiée sans réserves par la RDC le 17/10/1986, l'article 12.1 stipule :« Les Etats parties s'engagent à prendre toutes les mesures appropriées pour éliminer la discrimination à l'égard des femmes dans le domaine des soins de santé en vue de leur assurer, sur la base de l'égalité de l'homme et de la femme, les moyens d'accéder aux services médicaux, y compris ceux qui concernent la planification de la famille ».
- En 1993 : la Conférence mondiale sur les droits humains qui s'est déroulée à Vienne, en Autriche souligne que ''Les Droits de la femme sont des droits humains inaliénables, interdépendants et indivisibles.''
- En 2000, la Résolution 1325 du Conseil de sécurité de l'ONU sur les femmes, la paix et la sécurité est adoptée.

Faisant partie des Nations-Unies, les Etats africains ont souscrit à ces instruments juridiques internationaux.

- En 1989 Convention relative aux Droits de l'Enfant : Article 24 et 34
- En 1987 Convention Internationale sur toutes les formes des tortures :
- En 1995, Déclaration et Programme d'action de Beijing sur la quatrième conférence mondiale des femmes. Axe Femme et Santé etc.

Que dire des instruments juridiques régionaux ?

2. Instruments juridiques régionaux

- En 1963 : les Etats africains adoptent la Charte Africaine (de l'OUA), mais celle-ci ne prenait pas en compte les questions relatives aux Droits de l'homme. Elle consacrait l'autodétermination et la non-ingérence dans les affaires intérieures des Etats.
- En 1981 : à cause des violations massives des droits de l'homme sur le continent, l'OUA adopte la Charte africaine des droits de l'homme et des peuples et proclame le 21 octobre comme Journée Internationale des Droits de l'Homme en Afrique.
- En 1990 : les Etats Africains adoptent la Charte Africaine des droits et du bien-être de l'enfant et celle-ci entre en vigueur en 1999 et dans son article 21 relatif à la protection des enfants contre des pratiques négatives, sociales et culturelles.

En 1995 : la recommandation de la CADH d'élaborer un protocole sur les droits des femmes en Afrique, conformément à l'art 66 de la Charte, est entérinée par les Chefs d'Etat et de Gouvernement.

En 2000, l'OUA se transforme en UA avec un plus : l'importance accordée aux Droits de l'Homme et à l'égalité de Genre, et la possibilité pour l'UA d'intervenir en cas de violations des Droits de l'Homme ou en cas de génocide (Art.4).

- En juillet 2003 lors du 2ème Sommet de « l'Union Africaine » à Maputo, au Mozambique, il y a eu l'adoption du protocole de MAPUTO). Le titre officiel du document est : « Protocole à la Charte Africaine des Droits de l'Homme et des Peuples relatif aux droits des Femmes en Afrique ».

  Les lignes ci-dessous évoquent les instruments juridiques nationaux.

3. Instruments juridiques nationaux

Sur le plan juridique, les femmes congolaises jouissent des mêmes droits que les hommes : les droits civils et politiques, l'égalité concernant l'emploi, l'éducation et l'accès à la justice. Ce principe juridique d'égalité s'affirme à travers tous les instruments juridiques nationaux notamment : la constitution du

18 février 2006 telle que modifiée et complétée en 2011 à ses articles 12 et 14, le Code de la Famille, le code du travail ainsi que les conventions et pactes internationaux sur l'élimination des toutes le formes de discrimination à l'égard des femmes auxquels a adhéré la RDC.

Les lois et règlements sont souvent méconnus. L'ignorance de leur utilité met bon nombre de personne dans des situations irrégulières et par conséquent les exclut dans certains domaines de la protection.

Des vides juridiques et des lacunes sont observés dans certains textes législatifs auxquels s'ajoutent la méconnaissance des textes, expliquant ainsi certaines discriminations légales : discrimination en matière de succession, de mariage, de prise des décisions dans les ménages où seul l'homme est le chef du ménage, la femme ne peut poser des actes juridiques qu'avec le consentement de son mari, etc. (il faut donner ces dispositions légales discriminatoires. C'est ce qui fera la force de ce livre) C'est ainsi qu'aujourd'hui les femmes dans les milieux ruraux s'adonnent beaucoup plus à des activités essentiellement destinées à l'autosubsistance. En sus des travaux agricoles découlant de la division traditionnelle du travail, elles font habituellement des travaux artisanaux qui ne leur procurent que peu d'argent. Les débouchés étant presque inexistants et les techniques utilisées étaient archaïques.

En milieu urbain, l'accès des femmes aux activités professionnelles est limité par leur niveau de qualification relativement bas et par contraintes et responsabilités du ménage auxquelles elles sont soumisses. On assiste par ailleurs à une prolifération d'activités de service et à la pratique des commerces à domicile ou dans les marchés dont les recettes sont souvent des revenus pour la simple subsistance.

Les femmes rurales ainsi que les femmes du secteur informel ne bénéficient d'aucune sécurité sociale et ne peuvent prétendre au crédit bancaire en vue de l'extension de leurs activités sans pour autant avoir l'autorisation du mari s'il s'agit d'une femme mariée.

Les principales difficultés rencontrées par les femmes sur le plan socioculturel sont :

- La précarité des conditions sanitaires ;

- La surcharge de travail ;
- Le poids de tradition ;
- La réticence à l'action coopérative ;
- L'approvisionnement en eau potable ;
- L'approvisionnement en bois de chauffe ;
- L'absence d'infrastructures d'accueil d'enfants en bas âge ;
- L'insécurité foncière ;
- L'absence d'information.

Quant à la Constitution du 18 février 2006 telle que modifiée en 2011 ;

L'Article 12 : « *Tous les Congolais sont égaux devant la loi et ont droit à une égale protection des lois* ».

L'Article 14, alinéas 4, 5 et 6:

- La femme a droit à une représentation équitable au sein des institutions nationales, provinciales et locales.
- L'Etat garantit la mise en œuvre de la parité homme-femme dans lesdites institutions.
- La loi fixe les modalités d'application de ces droits.

- Loi n° 16/ 008 du 15 juillet 2016 modifiant et complétant le code de la famille de 1987 portant code de la famille ;
- Loi n° 06/018 du 20 juillet 2006 modifiant et complétant le décret du 30 janvier 1940 portant code pénal congolais ;
- Loi N° 09/001 du 10 Janvier 2009 portant Protection de l'enfant ;
- Loi N° 18/035 du 13 Décembre 2018 Fixant les Principes Fondamentaux relatifs à l'Organisation de la Santé Publique ;
- Loi N°15/013 du 1er août 2015 portant Modalités d'Application des Droits de la femme et de la Parité ;
- L'ordonnance n°70-158 du 30 avril 1970 déterminant les règles de la déontologie médicale
- Ordonnance du 14 Février 1973 portant création du conseil national des promotions des naissances désirables ;
- La circulaire du Président du CSM n° 04/SPCSM/CFLS/EER/2018 du 06 avril 2018 relative à

la mise en exécution des dispositions de l'article 14 du Protocole à la Charte Africaine des Droits de l'Homme et des Peuples relatif aux Droits des Femmes en Afrique.

- Loi 06/015 du 12 juin 2006 portant adhésion de la RDC au Protocole de Maputo

Que dire sur l'évolution des instruments sur les droits de la femme ?

Section IV: Evolution des instruments sur les droits de la femme

Malgré les efforts fournis par les pouvoirs publics de la RDC au niveau international par la ratification des plusieurs instruments juridiques internationaux d'ailleurs sans réserve pour la défense des droits humains et plus particulièrement des femmes, malheureusement, le cadre légal congolais reste dominé par les incohérences contenues dans la législation en matière des Droits à la Santé Sexuelle et Reproductive.

- ➢ Concerne l'avortement le Code pénal livre 2 dispose dans ses articles:
- ❑ Article 165 :

« Celui qui, par aliments, breuvages, médicaments, violences ou par tout autre moyen aura fait avorter une femme, sera puni d'une servitude pénale de cinq à quinze ans ».

- ❑ Article 166 :

« La femme qui volontairement se sera fait avorter, sera punie d'une servitude pénale de cinq à dix ans ».

- ❑ Article 178 sur les outrages publics aux bonnes mœurs prévoit une peine de 8 jours à un an et /ou amende :
- ➢ Alinéa 1er / à quiconque : (1) préconise un moyen quelconque de faire avorter une femme; (2) fournit des indications sur la manière de se les procurer ou s'en servir ou (3) indique les personnes qui les appliquent, soit par l'exposition, la vente ou la distribution d'écrits, d'imprimés ou tout autre moyen de publicité ;
- ➢ Alinéa 2 interdit à quiconque de: (1) exposer, (2) vendre, (3)distribuer, (4) fabriquer, (5) faire fabriquer, (6) faire importer, (7)faire transporter, (8)faire de la publicité sur

des drogues ou engins destinés à faire avorter une femme.

L'Ordonnance n°70-158 du 30 avril 1970 déterminant les règles de la déontologie médicale

- Article 32 :
- « L'avortement est interdit par le Code pénal.
- Dans des cas exceptionnels, lorsque la vie de la mère est gravement menacée et que l'avortement thérapeutique paraît le seul moyen de la sauver, la légitimité de cette intervention reste en discussion.
- On entend par avortement thérapeutique l'interruption provoquée de la grossesse, dans un but thérapeutique, avant la date de viabilité fœtale » [...]
- Remarque
- L'avortement thérapeutique est donc *l'exception légale* à l'avortement. Cependant le texte dit « reste en discussion ... » et donne la procédure à suivre.

La loi n° 18/035 du 13 /12/2018 fixant les principes fondamentaux relatifs à l'organisation de la santé publique (Loi-cadre sur la santé)

- Article 85:

« L'interruption volontaire de la grossesse est interdite.

Elle ne constitue pas une méthode de planification familiale »

- Article 86:

« Sans préjudice des dispositions de l'article 85, l'avortement thérapeutique est autorisé lorsqu'il vise à préserver la vie de la mère.

Est également autorisé, l'avortement eugénique en cas de malformations congénitales du fœtus incompatible avec la vie ».

- Pour ce qui est de la contraception

1. Le Code Pénal aujourd'hui est vraiment dépassé stipule de son article

L'article 178 CP LII, alinéas 3, 4 et 5 (abrogé) interdit à quiconque de :

- Exposer, distribuer ou faire la publicité des objets destinés à empêcher la conception ;

- Exposer, vendre, distribuer des écrits ou des imprimés ; divulguer des moyens d'empêcher la contraception ou de préciser l'emploi ou fournir des indications sur la manière de se procurer ou de se servir des moyens d'empêcher la conception ;
- Fabriquer, faire fabriquer, faire importer, faire transporter, faire de la publicité pour la vente des moyens d'empêcher la conception.

La Loi-Cadre sur la Santé

❑ Article 81:

« Toute personne en âge de procréer peut bénéficier, après avoir été éclairée, d'une méthode de contraception réversible ou irréversible, sur son consentement libre.
En cas de contraception irréversible, le consentement est écrit après avis de trois médecins et du psychiatre ».

❑ Article 82 :

« Pour les personnes légalement mariées, le consentement des deux conjoints sur la méthode contraceptive est requise.
En cas de désaccord entre les conjoints sur la méthode à utiliser, la volonté du conjoint concerné prime ».

❑ Article 83:

« Sont autorisées:

1. La contraception approuvée par l'autorité publique;
2. La fabrication, l'importation, la distribution et la vente des produits contraceptifs;
3. La promotion des méthodes contraceptives;
4. L'information et l'éducation sur la contraception ».

➢ L'incidence des cadres juridiques externes aux cadres juridiques internes

- La primauté

Elle se déduit de l'article 215 de la Constitution qui porte que « Les traités et accords internationaux régulièrement conclus ont, dès leur publication, une autorité supérieure à celle des lois, sous réserve pour chaque traité ou accord, de son application par l'autre partie ».

➢ Disposition constitutionnelle

L'article 153. Alinéa 3 : Les Cours et Tribunaux, civils et militaires, appliquent les traités internationaux dûment ratifiés et publié au JO, les lois, les actes règlementaires pour autant qu'ils soient conformes aux lois ainsi que la coutume pour autant que celle-ci ne soit pas contraire à l'ordre public ou aux bonnes mœurs.

➢ Disposition légale

L'article 95 de la Loi Organique *n°13/011-B* du 11 avril 2013 portant organisation, fonctionnement et compétences des juridictions de l'ordre judiciaire porte que « La Cour de cassation connaît des pourvois pour violation des traités internationaux dûment ratifiés, de la loi ou de la coutume formés contre les arrêts et jugements rendus en dernier ressort par les Cours et tribunaux civils et militaires de l'ordre judiciaire.

➢ La confection des traités internationaux(les principes)

L'article 213, alinéa 1er dispose: Le Président de la République négocie et ratifie les traités et accords internationaux.
Tandis que, l'article 214: « « Les traités de paix, les traités de commerce, les traités et accords relatifs aux organisations internationales et au règlement des conflits internationaux, ceux qui engagent les finances publiques, ceux qui modifient les dispositions législatives, ceux qui sont *relatifs à l'état des personnes*, ceux qui comportent échange et adjonction de territoire *ne peuvent être ratifiés ou approuvés qu'en vertu d'une loi. ».*

- Les traités et accords internationaux régulièrement conclus ont, dès leur publication, une autorité supérieure à celle des lois, sous réserve pour chaque traité ou accord, de son application par l'autre partie ».

L'application des traités au regard des règles:
- Pacta sunt servanda
- L'exécution de bonne foi (bona fides)
- Rebus sic stantibus
- Exceptio non adimpleti contractus

Toutefois, interdiction formelle de son application s'agissant des traites relatifs aux droits humains
Les article 2.b, 14 de la Convention de Vienne sur le droit des traités précise que les expressions ratification, acceptation, approbation, adhésion s'entendent, selon le cas, de l'acte international ainsi dénommé par lequel un Etat établit sur le plan international son consentement à être lié par un traité. »

1. Traites ordinaires : signature et ratification
2. Traites portant sur certaines matières: 02 procédures

A. Première procédure: la ratification
- Signature
- Adoption d'une loi d'autorisation
- Sa promulgation
- Ratification
- Publication au journal officiel
- NB: Mise en exécution (pratique moniste) et non mise en œuvre (pratique dualiste)

B. Seconde procédure d'adhésion
- Adoption loi autorisation
- Sa promulgation
- Adhésion
- Publication au journal officiel
- Mise en exécution

§1. La Résolution 1325 du Conseil de Sécurité des Nations-Unies

La République Démocratique du Congo est un pays membres des Nations-Unies. La Résolution 1325 du conseil de sécurité des nations -unies adoptée le 31 octobre 2000, demande à toutes les parties à un conflit armé de prendre des mesures pour protéger les femmes et les petites filles contre les actes de violence sexiste, en particulier et le viol et autres formes de sévices sexuels, ainsi que contre toutes les autres formes de violences dans les situations de conflit armé, et souligne qu'il est de la responsabilité de tous les Etats de mettre fin à l'impunité et de poursuivre en justice ceux qui sont accusés de génocide, de crimes contre l'humanité et de crimes de guerre, y compris toutes les formes des violences sexistes et autres contre les femmes et les petites filles. Elle insiste sur la nécessité de protéger les femmes et les petites filles et demande qu'une attention toute particulière soit accordée à la dimension genre dans le cadre du processus de la paix et de la maitrise des conflits.

La résolution 1325 du conseil de sécurité des Nations-Unies constitue un cadre politique décisif pour incorporer la perspective genre dans la prévention, la gestion et le règlement des conflits. Elle reconnait que les femmes et les filles subissent de façon spécifique les conséquences des conflits armés, y compris lorsqu'elles ont la qualité des réfugiées et des déplacées à l'intérieur d'un pays. Par ailleurs, elle reconnait le rôle important que jouent les femmes, aussi bien dans la prévention et la résolution des conflits que dans la consolidation de la paix, et souligne qu'elles doivent participer sur pied d'égalité avec les hommes à tous les efforts visant à maintenir et à promouvoir la paix et la sécurité.

Elle reconnait également que les femmes constituent des partenaires fondamentaux dans les processus de négociation des accords de paix et dans la planification des camps des réfugiées dans les pays dévastés par les conflits.

Il est important de parler de la résolution1325 sous deux contextes, à savoir le contexte international et national.

a) Contexte International

Plusieurs conférences régionales et mondiales ont été organisées avec comme objectif de remodeler la vision sur les conditions de vie des femmes, les relations de pouvoir entre les hommes et les femmes, et le respect équitable des droits humains dont les droits des femmes sont une partie intégrante.

Ces assises ont permis à tous les niveaux de reconnaitre les droits cruciaux des femmes dans le développement et la nécessité de leur participation équitable à la prise des décisions pour asseoir un développement durable. La charte des Nations Unies est devenue le premier instrument international à instaurer le principe d'égalité entre les hommes et les femmes. La promotion de ces droits à commencer en 1945 par l'octroi aux femmes de la possibilité de voter et d'être élues. Cet instrument a été suivi par la Résolution 1325 du Conseil de Sécurité des Nations Unies, qui a incorporé une démarche sexo spécifique dans toutes les opérations de maintien de la paix et sécurité et prévoit la participation des femmes aux institutions clés et aux organes de décision. La résolution 1325 s'est vue elle-même renforcée par les résolutions CS1820, 1888 et 1889. Au niveau régional, la mise au point du nouveau partenariat pour le développement de l'Afrique (NEPAD) a été l'occasion pour les

Chefs d'Etats et des gouvernements de considérer l'égalité entre les hommes et les femmes et l'habilitation de ces dernières comme des facteurs essentiels de l'éradication de la pauvreté et du développement durable.

Comme dit plus haut, la Résolution 1325 du Conseil de sécurité des Nations Unies constitue un cadre politique décisif pour incorporer la perspective de genre dans la prévention, la gestion et le règlement des conflits. Elle reconnait que les femmes et les filles subissent de façon spécifique les conséquences des conflits armés, y compris lorsqu'elles ont la qualité des réfugiées et de déplacées à l'intérieur d'un pays. Par ailleurs, elle reconnait le rôle important que jouent les femmes, aussi bien dans la prévention et le règlement des conflits que dans la consolidation de la paix, et recommande qu'elles participent sur un même pied d'égalité avec les hommes à tous les efforts visant à maintenir et à promouvoir la paix et la sécurité.

Elle reconnait également que les femmes constituent des partenaires fondamentaux dans les processus de négociation des accords de paix et dans la planification des camps des réfugiés dans les pays dévastés par les conflits.

Que retenir de la conférence internationale de Beijing ?

§3. La Conférence Internationale de Beijing

La Conférence de Beijing s'est focalisée sur la lutte contre toutes formes des violences à l'égard de la femme. C'est ainsi que tout acte de violence dirigé contre la femme en tant que telle et causant ou pouvant causer un préjudice, des souffrances physiques, sexuelles ou psychologiques est qualifié discriminatoire à l'endroit des femmes.

Il en est de même des menaces d'actes pouvant entrainer une contrainte ou la privation arbitraire de liberté, que ce soit dans la vie publique ou dans la vie privée.

La Conférence Internationale de Beijing de 1995, vise donc à éliminer tous les obstacles qui empêchent les femmes de jouer un rôle actif dans tous les domaines en participant pleinement, et sur même pied d'égalité que les hommes, à la prise de décisions.

Il soulève 12 problèmes critiques que chaque Etat est tenu à traiter afin de mettre fin à toutes formes de discriminations à l'endroit des femmes, parmi lesquels :

- la féminisation de la pauvreté ;
- l'accès inégal des hommes et femmes à l'éducation ;
- l'accès inégal aux soins de santé et aux services sanitaires ;
- la violence à l'égard de la femme ;
- les conséquences des conflits armés sur les femmes ;
- le partage inégal du pouvoir et des responsabilités des décisions à tous les niveaux ;
- l'insuffisance des mécanismes de promotion de la femme ;
- le non-respect des droits fondamentaux des femmes;
- la disparité entre hommes et femmes dans la gestion des ressources naturelles ;
- la persistance de la discrimination à l'égard des femmes et petites filles et violation de leurs droits ;
- les images stéréotypées des femmes et leur inégal accès aux médias ;
- l'inégalité dans l'accès à toutes les formes d'activités de production et aux ressources économiques.

Il convient de rappeler le protocole à la Charte Africaine des Droits de l'Homme et des Peuples en lien avec les droits des femmes en Afrique.

§3. Protocole à la Charte Africaine des Droits de l'Homme et des Peuples relatif aux droits des Femmes en Afrique
(Protocole de Maputo)

Il est entré en vigueur en novembre 2005 quand le nombre minimum de 15 ratifications par les Etats membres de l'Union Africaine fut atteint. A ce jour, 46 Etats ont signé et ratifié dont la RDC, 10 ont signé sans ratifier tandis que 3 n'ont ni signé ni ratifié (Botswana, Egypte, Maroc).

Protocole de Maputo prescrits touchent 8 thématiques dans son ensemble qui sont :

1. Egalité / non-discrimination,
2. Protection des femmes contre la violence;
3. les Droits relatifs au mariage;
4. les droits à la santé et à la reproduction;
5. les Droits Economique, sociaux et culturels;

6. Droit à la paix;
7. la protection des femmes dans les conflits armés;
8. les Droits des groupes des femmes bénéficiant d'une protection spéciale.

Au niveau national le Protocole à la Charte Africaine des Droits de l'Homme relatif aux Droits des Femmes en Afrique (Protocole de Maputo)

- ❑ Adoption: 11 juillet 2003, sommet de l'Union Africaine à Maputo la Capitale de Mozambique,
- ❑ Entrée en vigueur: 25 novembre 2005 (15ème instrument de ratification /Togo)
- ❑ Adhésion sans réserve par la RDC : 09 Juin 2008 en vertu de la loi n°06/015 du 12 juin 2006,
- ❑ Ratifié le 09juin 2008,
- ❑ Publié au Journal-Officiel le 14 Mars 2018.

➢ Contenu du Protocole de Maputo

- ❑ Initié pour compléter la CADHP et répondre aux préoccupations spécifiques des femmes africaines;
- ❑ Symbolise l'engagement des Etats parties à mettre fin aux discriminations et violences subies par les femmes;
- ❑ Contient 32 articles dont 25 sont consacrés aux droits que les Etats reconnaissent aux femmes:

Droit à la dignité/Elimination pratiques néfastes: mutilations génitales, cérémonies deuil/ Mariage/ Accès à la justice/ Droit à la paix et protection contre les conflits armés/ Droits économiques et protection sociale/ Droit à la sécurité alimentaire et un habitat adéquat / Droit à un environnement sain et au développement durable / Droits de la veuve/ Protection femme âgée, femme handicapée, femme en détresse / Réparation

➢ Dispositions spécifiques sur les Droits à la Santé Sexuelle et Reproductive

L'article 14 sur le droit à la santé et au contrôle des fonctions de reproduction.

- ❑ Le PM oblige les Etas parties à assurer aux femmes le droit de:
- ▪ Exercer un contrôle sur leur fécondité;
- ▪ Décider librement de la maternité, nombre d'enfants, espacement des naissances et méthode contraceptive;
- ▪ Se protéger et être protégées des IST et VIH;

- Accéder à l'éducation à la planification familiale;

Les formations sanitaires, publiques, privées et confessionnelles quant à elles, ont l'obligation, sans tergiversation, d'offrir les avortements médicalisés aux femmes se trouvant dans les cas prescrits à l'article 14,2 c) dudit Protocole et ce, dans le strict respect des normes et directives de l'OMS en la matière, dûment standardisées, validées, édictées et diffusées par le Ministère de la Santé Publique de la RDC.

Il demande aux Etats parties de prendre des mesures appropriées pour :

- Assurer aux femmes l'accès aux services de santé adéquats, proches et à des prix abordables, surtout en milieu rural;
- *Protéger les droits reproductifs des femmes en autorisant l'avortement médicalisé en cas d'agression sexuelle, de viol, d'inceste et lorsque la grossesse met en danger la santé mentale et physique de la mère ou la vie de la mère et du fœtus.*

➢ Evolution sur le plan judiciaire

Circulaire du Président de la Cour Constitutionnelle, Président du CSM n° 04/SPCSM/CFLS/EER/2018 du 06 avril 2018 relative à la mise en exécution des dispositions de l'article 14 du Protocole à la Charte Africaine des Droits de l'Homme et des Peuples relatif aux Droits des Femmes en Afrique.

En outre, tout avortement réalisé par un personnel soignant non formé aux normes et directives standards des soins complets d'avortement et de contraception édictées par le Ministère de la Santé Publique, dans une formation sanitaire non certifiée par l'Inspection Provinciale de la Santé Publique de son ressort à offrir les avortements médicalisés, constitue un avortement clandestin qui doit être réprimé au sens de la loi ».

Le cadre légal de la RDC reste dominé par les incohérences contenues dans la législation en matière de SSR ;

Le Protocole de Maputo qui a dépénalisé certains cas d'avortement et a été régulièrement ratifié et publié au JO depuis le 14 mars 2018, est devenu de ce fait non seulement partie intégrante du droit interne, mais aussi supérieur aux lois internes ;

C'est pour cette raison que ledit protocole de Maputo doit faire l'objet d'un bon usage dans l'accomplissement, au quotidien, de vos devoirs en tant que sujet de Droit. Il est important d'envisager une analyse critique de la loi n°15/013 du 1er aout 2015 portant modalités d'application des droits de la femme et de la parité.

Section V Analyse critique de la loi n°15/013 du 1er aout 2015 portant modalités d'application des droits de la femme et de la parité

Promulguée le 01 aout 2015 à Lubumbashi par le Président de la République, la loi n° 15/ 013 portant modalités d'application des Droits de la femme et de la parité marque un tournent dans lutte pour les Droits de la femme et de la parité.

Elle tire ses origines dans les instruments juridiques internationaux, régionaux et sous régionaux auxquels la RDC a souscrit proclament l'égalité de droits entre l'homme et la femme ainsi que dans la Constitution de 18 Février 2006 de la RDC et s'applique à tous les domaines de la vie nationale, notamment politique, administratif, économique, social, culturel, judiciaire et sécuritaire.

La nécessité de la « Loi sur la parité », qui a pour but de promouvoir l'équité de genre, l'égalité des droits, de chances et de sexes, en vue de permettre à la RDC de réaliser ses objectifs de développement . La section suivante porte sur l'impact de la loi n°15/013 du 1er aout 2015 portant modalités d'application des droits de la femme et de la parité dans l'arsenal juridique congolais.

Section VI L'impact de la loi n°15/013 du 1er aout 2015 portant modalités d'application des droits de la femme et de la parité dans l'arsenal juridique congolais

Lorsque c'est la sécheresse qui tue un arbre, c'est plutôt l'indifférence des hommes qui annihilent toute contribution efficiente de la femme pour son épanouissement.

Cette loi tire sa source dans la Constitution du 18 février 2006:

Préambule, paragraphe 6: « Réaffirmant notre adhésion et notre attachement à la Déclaration Universelle des Droits de l'Homme, à la Charte Africaine des Droits de l'Homme et des Peuples, aux Conventions des Nations Unies sur les Droits de l'Enfant et sur les Droits de la femme , particulièrement à l'objectif de la parité de représentation homme-femme au sein des institutions du pays ainsi qu'aux instruments internationaux relatifs à la protection et à la promotion des droits humains ».

Article 12 : *« Tous les Congolais sont égaux devant la loi et ont droit à une égale protection des lois »*.

Article 14, alinéas 4, 5 et 6:

- *La femme a droit à une représentation équitable au sein des institutions nationales, provinciales et locales.*
- *L'Etat garantit la mise en œuvre de la parité homme-femme dans lesdites institutions.*
- *La loi fixe les modalités d'application de ces droits.*

De la représentation de la femme dans les sphères politique et administrative Droits à La Parité concernés:

1. Élimination de la discrimination, promotion et protection des droits des femmes
2. Total épanouissement et participation de la femme au développement de la Nation
3. Protection de la femme contre les violences dans la vie publique et privée
4. Représentation équitable de la femme au sein des institutions nationales, provinciales et locales
5. Parité homme-femme

Quelles sont les modalités de la mise en œuvre loi n°15/013 du 1er aout 2015 portant modalités d'application des droits de la femme et de la parité ?

Section VII Modalités de la mise en œuvre loi n°15/013 du 1er aout 2015 portant modalités d'application des droits de la femme et de la parité

Sans être un effacement des différences de sexe, la masculinité positive est un appel à laisser la femme donner ce qu'elle a de meilleur autant que l'homme. Je parle dès lors de la parité homme-femme, de la protection de la femme dans la société congolaise, les différentes formes des violences faites à la femme en milieu professionnel.

§1. La parité homme-femme

Il est important de dire ici que la notion de la parité homme-femme tire sa source dans la démarche de justice naturelle visant à écraser les différentes formes des discriminations à l'égard de la femme afin de permettre à celle-ci de se mettre sur le même plan de participation au développement que l' homme. Ce qui sous-entend l'égalité entre l'homme et la femme sur le plan professionnel et décisionnel.
La parité répond entre autres au prescrit de l'article 13 de la Constitution qui dispose ; Aucun Congolais ne peut, en matière d'éducation et d'accès aux fonctions publiques ni en aucune autre matière, faire l'objet d'une mesure discriminatoire, qu'elle résulte de la loi ou d'un acte de l'exécutif, en raison de sa religion, de son origine familiale, de sa condition sociale, de sa résidence, de ses opinions ou de ses convictions politiques, de son appartenance à une race, à une ethnie, à une tribu, à une minorité culturelle ou linguistique.

Quant aux différentes discriminations, celles-ci se définissent comme toutes exclusions ou préférences fondées sur la race, la couleur, le sexe, la religion, l'opinion politique, l'ascendance nationale ou l'origine sociale et qui ont pour effet de détruire ou d'altérer l'égalité de chances ou de traitement entre l'homme et la femme.

Au-delà de la discrimination telle que définie ci-dessus, il existe également une discrimination dite « positive », qui accorde à certaines catégories sociales un traitement préférentiel par des programmes et des mesures d'orientation qui visent à corriger les discriminations existantes. A titre d'exemple, on peut citer les traitements réservés aux femmes enceintes, aux personnes vivant avec le VIH/ SIDA ou vivant avec handicaps ainsi qu'aux enfants.

Dans le cas d'espèce, l'égalité qui nous ramène à la notion de la parité c'est le fait d'être égal en termes de droits et de devoirs, de traitement, de quantité de valeurs, d'accès aux possibilités et aux résultats y compris aux différentes ressources. Ce sentiment de justice naturelle fondée sur la reconnaissance des droits de chacun nous impose la répartition juste et équitable des bénéfices, récompenses et opportunités entre les femmes et les hommes, les filles et les garçons.

La notion de la parité homme-femme est donc une égalité fonctionnelle qui consiste en la représentation égale entre les hommes et les femmes, dans l'accès aux instances de prise de décision dans tous les domaines de la vie nationale, sans discrimination ; outre le principe du nombre, elle indique aussi les conditions, positions et les placements dans tous les domaines de la vie professionnelle.

La loi n°15/013 du 1erAoût 2015 sur la parité a l'avantage de fixer les modalités d'application des Droits de la femme et de la parité homme-femme comprise telle que définie ci-dessus, conformément à l'article 14 de la Constitution du pays. Son champ d'application est global ; il s'étend à tous les domaines de la vie nationale, notamment politique, administrative, économique, sociale, culturelle, judiciaire et sécuritaire.

Que dire de la protection de la femme dans la société congolaise ?

§2. La protection de la femme dans la société congolaise

Chaque femme épanouie et intégrée au même titre que l'homme est un jardin à protéger et à faire visiter les autres pour semer en elles l'espoir d'un meilleur avenir.

Il faut rappeler une fois de plus que la femme dans la société congolaise a des droits qui lui sont reconnus et garantis par la Constitution du pays et tous les autres instruments juridiques votés et promulgués par le Chef de l'Etat .En outre, ces droits sont également reconnus et renforcés par les instruments juridiques relatifs aux droits de l'homme ratifiés par la République Démocratique du Congo, notamment la Déclaration Universelle des droits de l'homme, les Pactes Internationaux relatifs aux droits civils et politiques ainsi qu'aux droits économiques, sociaux et culturels, la Convention sur l'élimination de toutes les formes de discrimination à l'égard de la femme et son Protocole Facultatif , la Charte africaine des droits de l'homme et des peuples ,la Convention relative au Bien- être de l'Enfant et tous les autres textes juridiques internationaux tels que les conventions et pactes relatifs aux

Droits de la femme en tant que droits humains, inaliénables, interdépendants et indivisibles, la Résolution 1325 du Conseil de sécurité des Nations Unies sur le rôle de la femme dans la promotion de la paix et de la sécurité.

Notons que tous les droits des femmes et son rôle essentiel dans le développement qui sont réaffirmés dans les plans d'action des Nations Unies sur l'environnement et le développement(1992), les droits de l'homme(1993), sont tous reconnus par la République Démocratique du Congo.

C'est ainsi que la Constitution de la République Démocratique du Congo du 18 Février 2006 telle que modifiée et complétée à ce jour à ses articles 12 et 14 dispose que :

Tous les congolais sont égaux devant la loi et ont droit à une égale protection des lois.

Les pouvoirs publics veillent à l'élimination de toutes formes de discrimination à l'égard de la femme et assurent la protection et la promotion de ses droits.

Ils prennent, dans tous les domaines, notamment dans les domaines civil, politique, économique, social et culturel, toutes les mesures appropriées pour assurer le total épanouissement et la pleine participation de la femme au développement de la nation.

Ils prennent des mesures pour lutter contre toutes formes de violences faites à la femme dans la vie publique et dans la vie privée.

La femme a droit à une représentation équitable au sein des institutions nationales, provinciales et locales. (Donnez l'état actuel de la question, pourcentage au sein du gouvernement, de l'assemblée nationale, du sénat, des assemblées provinciales,…).

La Loi n°15/013 du 1re Août 2015 vise l'élimination de toute forme de discrimination à l'égard de la femme ainsi que la protection et la promotion de ses droits, le total épanouissement et la pleine participation de la femme au développement de la Nation, la protection contre les violences faites à la femme dans la vie publique et dans la vie privée, une représentation équitable au sein des institutions nationales, provinciales et locales et la parité homme-femme.

Que retenir des différentes formes des violences faites à la femme en milieu professionnel ?

§3. Les différentes formes des violences faites à la femme en milieu professionnel

On entend par violences faites à la femme, des pratiques néfastes liées au comportement, attitude ou pratique qui affecte négativement les droits fondamentaux des femmes. En d'autres termes, ces violences peuvent être résumées comme étant, tous actes perpétrés contre les femmes causant ou pouvant leur causer un préjudice ou des souffrances physiques, sexuelles, psychologiques ou économiques, y compris la menace d'entreprendre de tels actes, impositions de restrictions ou la privation arbitraire des libertés fondamentales, que ce soit dans la vie privée ou dans la vie publique, en temps de paix, en situation de conflit ou de guerre.

La même chose dans la vie professionnelle, la femme continue à être discriminée sous toutes formes sans aucune raison (chercher une meilleure introduction). Quel que soit son intelligence ou son sens de management, la femme accède peu aux postes de responsabilité ou de commandement et cela, surtout à cause de son appartenance au sexe féminin. Il existe jusqu'à présent des entreprises où la femme n'a pas droit aux soins de santé au même titre que l'homme car elle est sous entendue dépendre de son mari ; où l'homme a le droit d'être mieux rémunéré que la femme ; où elle n'a pas le droit de participer à l'espace de prise de décisions pour l'intérêt de la société. Et aussi dans le cadre des recrutements, résiliation des contrats, promotion, formation, attribution des tâches et autres avantages socioprofessionnels où les femmes sont souvent défavorisées.

Il faut parler du harcèlement sexuel et du harcèlement moral dont la femme est victime en milieu professionnel.

« Harcèlement sexuel » : 1° le fait pour toute personne d'exercer sur autrui des agissements dans le but d'obtenir des faveurs de nature sexuelle à son profit ou au profit d'un tiers (article 1 de l'Arrêté ministériel n° 12/CAB.MIN/TPS/114/2005 du 26 octobre 2005 portant interdiction du harcèlement sexuel ou moral dans l'exécution d'un contrat du travail).

« Harcèlement moral » : un ensemble d'agissements répétés qui ont pour objet ou pour effet une dégradation des conditions de travail susceptible de porter atteinte aux droits du travailleur ou de l'employeur ainsi qu'à sa dignité, d'altérer sa santé physique ou mentale ou de compromettre son avenir professionnel, et cela dans le but d'obtenir indûment des droits ou des avantages quelconques (article 1 de l' Arrêté ministériel n° 12/CAB.MIN/TPS/114/2005 du 26 octobre 2005 portant interdiction du harcèlement sexuel ou moral dans l'exécution d'un contrat du travail).

Devant cette réalité, la République Démocratique du Congo s'est engagée à modifier le schéma et les modèles de comportement socioculturels à l'égard de la femme liés aux pratiques culturelles et traditionnelles néfastes et à toutes les pratiques fondées sur l'idée d'infériorité ou de supériorité d'un sexe sur l'autre, ou sur les rôles stéréotypés de la femme et de l'homme. Quelles sont les modalités pour la de mise en œuvre des Droits de la femme ?

2. Modalités de mise en œuvre des Droits de la femme

La masculinité positive ne peut être réellement évaluée dans la société congolaise qu'à travers les statistiques de la participation de la femme à différents niveaux de la vie nationale, plus particulièrement les sphères politique et administrative tel que représenté par les graphiques commentées suivantes tirés du rapport d'évaluation du plan d'action de la 2ème génération de la mise en œuvre de la résolution 1325 et résolutions connexes du Conseil de Sécurité des Nations Unies sur les femmes, la paix et la sécurité rédigé par le Ministère du Genre, Famille et Enfant de la *RDC;*

Graphique III. Taux de représentativité des femmes dans le Gouvernement National

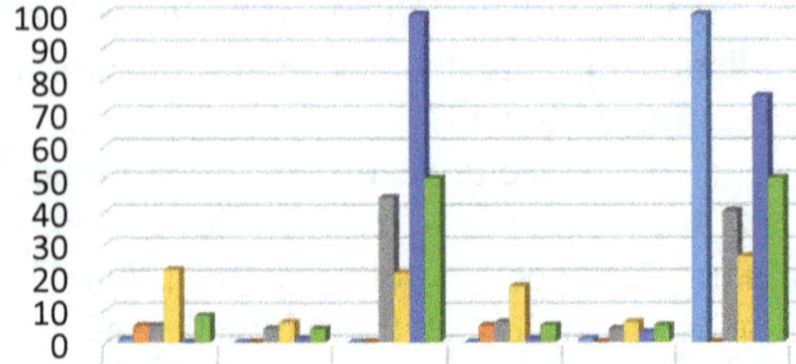

	2021 Homme	2021 Femme	2021 %	2024 Homme	2024 Femme	2024 %
Premier Ministre	1	0	0	0	1	100
Vice- Premier Ministres	5	0	0	5	0	0
Ministres d'Etat	5	4	44	6	4	40
Ministres	22	6	21	17	6	26
Ministres Délégués	0	1	100	1	3	75
Vice Ministres	8	4	50	5	5	50

Commentaire

La participation de la Femme aux instances de prise de décision a connu des améliorations majeures en ce qui concerne leur représentativité au sein de différents gouvernements au niveau national.

Le taux de participation au Gouvernement qui était de 12% en 2018 est passé à 27% en 2021, ensuite à 33% en 2024.

En ce qui concerne le gouvernement national, l'objectif fixé à 20 % a largement été dépassé. C'est une première dans l'histoire de notre pays ou la représentativité des femmes dépasse les 30%.

Un fait important est à souligner, c'est la nomination pour la toute première fois d'une femme au poste de Première Ministre.

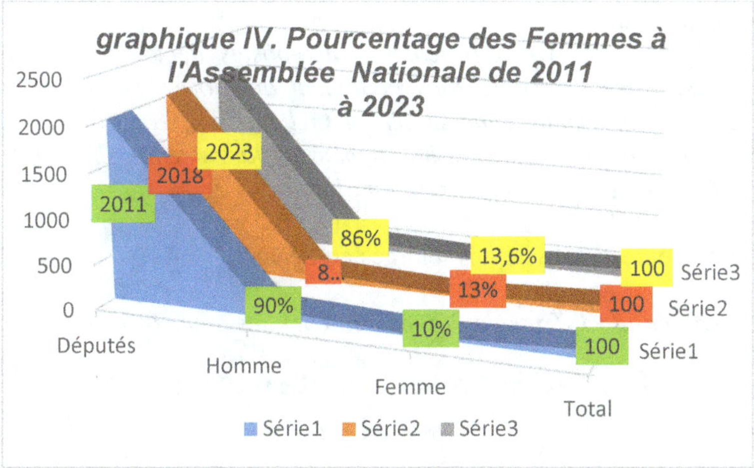

Commentaire

Du graphique ci-dessus, l'on note que les femmes représentent 13,6% des sièges à l'Assemblée Nationale.

A comparer avec la législature précédente dont le taux était de 13%, on note une légère amélioration. Cependant, si l'on évalue par rapport à l'objectif qui était fixé à 20%, le résultat obtenu demeure en dessous.

Graphique V. Taux de représentativité des femmes au bureau de l'Assemblée Nationale

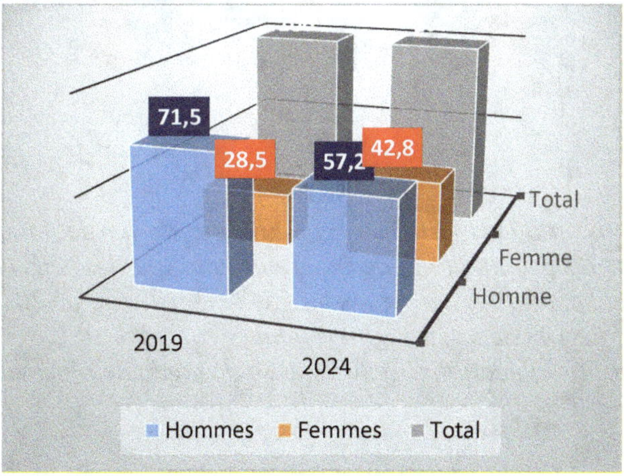

Source : Assemblée Nationale 2024

Commentaire
La représentativité des femmes aux postes décisionnelles de l'Assemblée nationale s'est nettement améliorée, se situant à 28,5%, les femmes représentent actuellement 42,8% des postes au bureau de cette institution, dépassant largement l'objectif de 20% fixé dans le plan d'action national 2.

2.1. Représentativité des femmes au Sénat

Graphique VI. Taux de Représentativité des femmes au Sénat

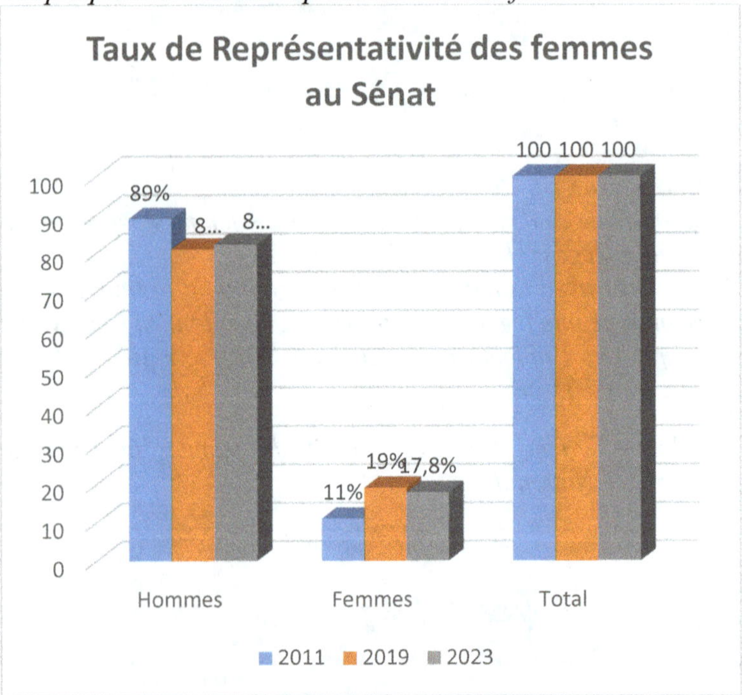

Au Senat, on a enregistré un recul du taux de participation des femmes. Le graphique ci-dessus renseigne que les femmes qui avaient occupé 19% des sièges lors de la législature de 2019, sur un total de 109 Sénateurs sont retombée à 17,8%.
Comparé à l'objectif fixé à 20 %, il se dégage une régression de 2,2%.

2.2 Représentativité des femmes au sein des Assemblées Provinciale

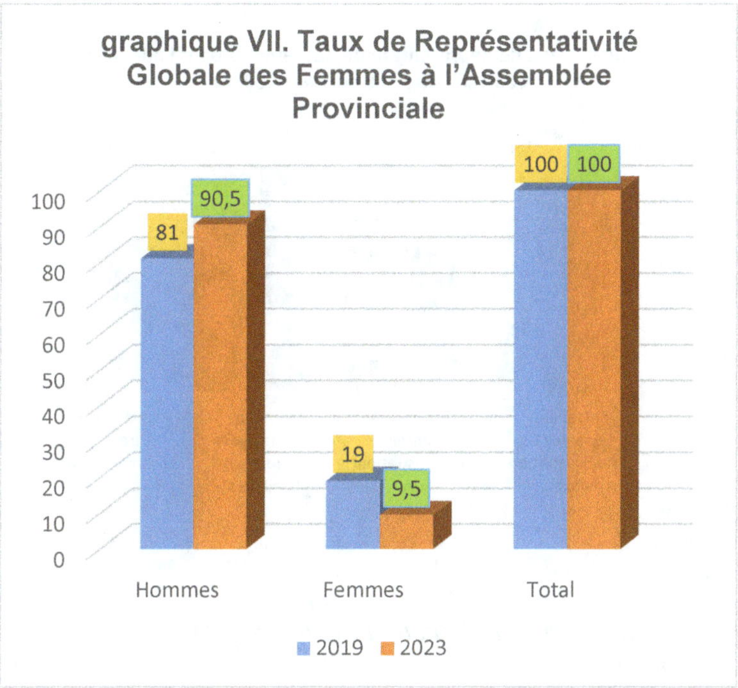

Source : CENI 2024

Au sein des Assemblées provinciales, les femmes occupent 9,5 % des sièges. A comparer à l'objectif fixé dans le plan d'action 2, la représentativité de femmes n' pas atteint l'objectif, bien plus, elle connait un recul de plus de 9% par rapport celle des élections de 2018, qui était de 19%.

Causes probables de ce recul

- *Le faible alignement des femmes sur les listes des partis politiques ;*
- *La caution électorale élevée :*

Selon la Loi Electorale en vigueur, le dépôt de candidature à l'élection Présidentielle est conditionné par le dépôt d'une caution de 100.000 USD. Cette caution est de 1000 USD et 500 USD pour les législatives Nationales et Provinciales. Quelle que soit le niveau de scrutin, trop peu de femmes sont à même de verser un tel montant. Ce qui élimine celles qui faute d'argent ne peuvent se porter candidate.

Graphique IX. Taux de Représentativité des femmes dans l'administration et au sein des entreprises publiques

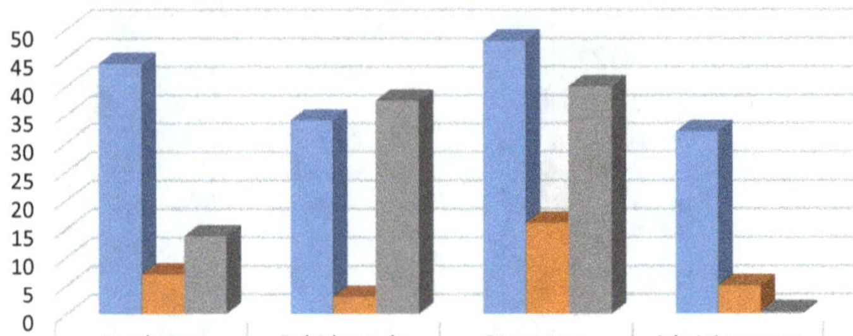

	Secrétaires Généraux de l'Administration Publique	Présidents du Conseil d'administration(PCA)	Directeurs Généraux des Entreprises Publiques	Administrateurs Directeurs Techniques (ADT)
Hommes	44	34	48	32
Femmes	7	3	16	5
%	13,7	37,5	40	38,50%

Source : Ministère de la Fonction Publique 2024

Commentaire

Les femmes sont plus ou moins bien representées dans les postes de prise de décision au sein des entrprises publiques. On compte 4 Directrices Générales sur 10, soit 40%, un peu plus de 37% aux postes des Présidentes des Conseils d'administration et un peu plus de 38% comme Administrateurs Directeurs Techniques.

Constat

Cette représentativité dépasse l'objectif de 20% fixé et n'atteint pas encore les 50% définis dans la Constitution.

En ce qui concerne la foction publique par contre, on ne compte que 13,7% des femmes comme sécretaires Générales. Ce taux est très en déssous de l'objectif fixé.

Graphique n°XI. Pourcentage de femmes occupant des postes à responsabilités dans l'Armée

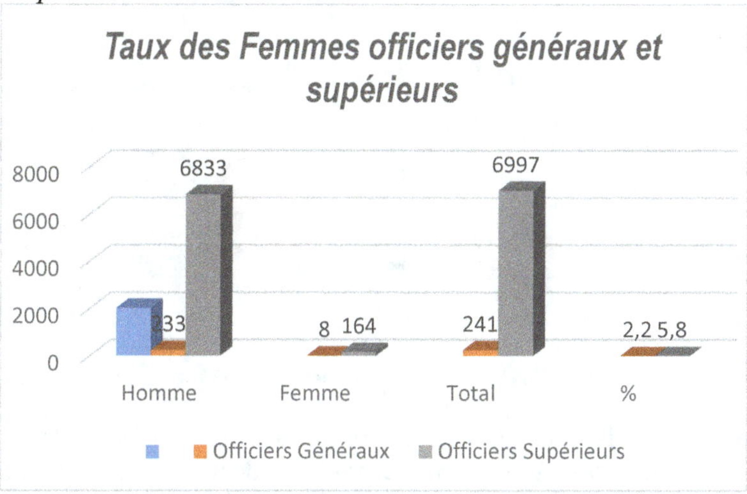

Source : Ministère de la Défense 2021

Commentaire

Le tableau ci-dessous renseigne sur le pourcentage des femmes aux grades d'officiers généraux et Officiers Supérieurs. On en compte respective 2,2% et 5,8%. Toutefois, on compte :

- *1 Générale Major au poste de Secrétariat général des anciens Combattants ;*
- *1 Générale Major Commandant du Corps Logistique des FARDC ;*
- *1 Générale Major Inspection générale des FARDC ;*
- *1 Générale de brigade au Poste Commandant Adjoint Corps Logistique.*

Le constat est que l''Armée demeure l'institution où l'on a le plus faible pourcentage de femmes aux postes les plus élevés de décisions. Cette situation qui s'observe également au sein de la Police Nationale doit être due notamment à la non -intégration de la dimension genre dans le comportement des décideurs de ces deux institutions en dépit de l'adoption des politiques et programmes liés à l'égalité des sexes au sein de ces deux corps.

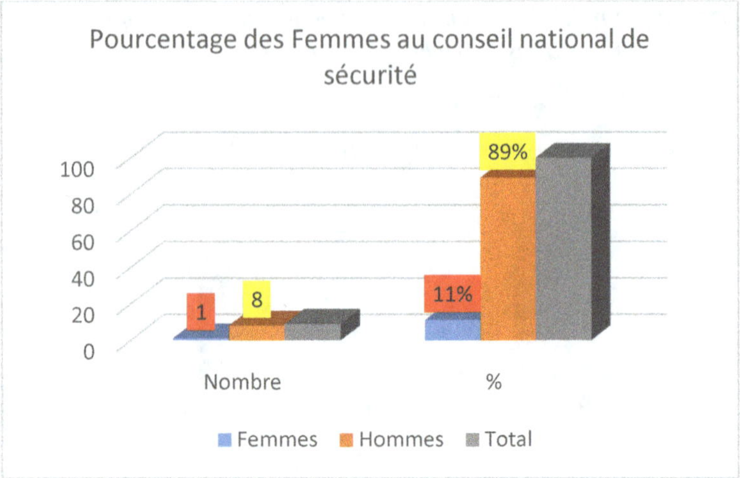

L'homme et la femme ont tous deux les mêmes droits de participation à la sphère de prise des décisions. Il en est de même sur le plan administratif car la loi portant modalités d'application des Droits de la femme et de la parité, à ses articles 4 et 20 dispose que l'homme et la femme jouissent de façon égale de tous les droits politiques. La femme est représentée d'une manière équitable dans toutes les fonctions nominatives au sein des institutions nationales, provinciales et locales, en cela y compris les institutions d'appui à la démocratie, le conseil économique et social ainsi que les établissements publics et paraétatiques à tous les niveaux.
Que retenir sur la participation des femmes dans le domaine économique ?

3. De la participation de la femme dans le domaine économique

En cette matière, la loi précise que les politiques et les programmes économiques de développement du pays sont élaborés et mis en œuvre en tenant compte de la parité homme-femme. Ils assurent à tous l'égal accès aux ressources et avantages consécutifs. Le secteur privé promet, en son sein, la participation de la femme aux instances de prise de décision. Par la même occasion, l'Etat garantit à la femme le droit à des initiatives privées. Il favorise sans discrimination basée sur le sexe, l'accès à l'épargne, aux crédits, aux diverses opportunités et aux nouvelles technologies. Aussi, il existe des mesures législatives et autres mesures visant à garantir aux femmes l'égalité des chances en matière d'emploi, d'avancement dans la carrière et d'accès à d'autres activités économiques.

Globalement, en vue d'une participation équitable de la femme dans le domaine économique, il faut :

- promouvoir l'égalité en matière d'accès à l'emploi ;
- promouvoir le droit à une rémunération égale des hommes et des femmes pour des emplois de valeur égale ;
- assurer la transparence dans le recrutement, la promotion et dans le licenciement des femmes, combattre et réprimer le harcèlement sexuel dans le lieu de travail ;
- garantir aux femmes la liberté de choisir leur emploi et les protéger contre l'exploitation et la violation par leur employeur de leurs droits fondamentaux, tels que reconnus et garantis par les conventions, les législations et les règlements en vigueur ;
- créer des conditions pour promouvoir et soutenir les métiers et activités économiques des femmes, en particulier dans le secteur informel ;
- créer un système de protection et d'assurance sociale en faveur des femmes travaillant dans le secteur informel et les sensibiliser pour qu'elles y adhèrent ;
- instaurer un âge minimum pour le travail, interdire le travail des enfants n'ayant pas atteint l'âge de 18 ans, combattre et réprimer toute formes d'exploitation des enfants, en particulier des fillettes ;
- prendre des mesures appropriées pour valoriser le travail domestique des femmes ;
- garantir aux femmes des congés de maternité adéquats et payés avant et après l'accouchement aussi bien dans le secteur privé que public ;
- assurer l'égalité dans l'imposition fiscale des femmes et des hommes ;
- reconnaitre aux femmes salariées, le droit de bénéficier des mêmes indemnités et avantages que ceux alloués aux hommes salariés en faveur de leurs conjoints et de leurs enfants ;
- reconnaitre la responsabilité première de deux parents dans l'éducation et l'épanouissement de leurs enfants, une fonction sociale dans laquelle l'Etat et le secteur privé ont une responsabilité secondaire ;

- prendre des mesures législatives et administratives appropriées pour combattre l'exploitation ou l'utilisation des femmes à des fins de publicités à caractère pornographique ou dégradant pour leur dignité.

Il convient d'envisager la protection et la promotion de la femme dans le domaine socioculturel et de la santé.

§3. De la protection et la promotion de la femme dans le domaine socioculturel et de la santé

La masculinité positive, c'est doser chaque attitude à l'égard de la femme pour que, même dans ses erreurs et ses faiblesses, elle garde sa valeur intrinsèque.

La place de la femme dans la culture congolaise reste un cas général pour toutes les 26 provinces de la République Démocratique du Congo où la culture traditionnelle varie mais une constante perdure, notamment en milieu rural où la supériorité socioculturelle de l'homme continue à dominer sur la femme et cette dernière n'est pas en mesure de revendiquer ses droits fondamentaux reconnus dans tous les instruments juridiques internationaux et nationaux.

Mais, en ce qui concerne la protection et la promotion de la santé de la femme, l'Etat est appelé à assurer le respect et la promotion des Droits de la femme à la santé, y compris la santé sexuelle et de la reproduction. Ces droits comprennent:

- le droit d'exercer un contrôle sur leur fécondité ;
- le droit de décider de leur maternité, du nombre d'enfants et de l'espacement des naissances ;
- le libre choix des méthodes de contraception ;
- le droit de se protéger et d'être protégées contre les infections sexuellement transmissibles, y compris le VIH/SIDA ;
- le droit d'être informées de leur état de santé et de l'état de santé de leurs partenaires, en particulier en cas d'infections sexuellement transmissibles, y compris le VIH/SIDA, conformément aux normes et aux pratiques internationalement reconnus ;
- le droit à l'éducation sur la planification familiale.

Compte tenu de ces droits et connaissant la situation vécue par les femmes, l'Etat est tenu à prendre toutes les mesures nécessaires pour :

- assurer l'accès des femmes aux services de santé adéquats, à des coûts abordables et à des distances raisonnables, y compris les programmes d'information, d'éducation et de communication pour les femmes, en particulier celles vivant en milieu rural ;
- fournir aux femmes des services pré et postnatals et nutritionnels pendant la grossesse et la période d'allaitement et améliorer les services existants.

§4. De la protection et la promotion de la femme dans les domaines judiciaire et sécuritaire

Toute femme a droit au respect de sa vie, de son intégrité physique et à la sécurité de sa personne.

Les femmes et les hommes jouissent des droits égaux devant la loi et jouissent du droit à la protection et au bénéfice égaux de la loi. C'est ainsi que l'Etat doit prendre des mesures appropriées pour assurer ce qui suit à l'égard des femmes :

- l'accès effectif des femmes à l'assistance et aux services juridiques et judiciaires ;
- l'appui aux initiatives locales, nationales, régionales et continentales visant à donner aux femmes l'accès à l'assistance et aux services judicaires ;
- la création des structures éducatives adéquates et d'autres structures appropriées en accordant une attention particulière aux femmes et en sensibilisant toutes les couches de la société aux Droits de la femme ;
- l'organisation des formations avec les organes chargés de l'application de la loi à tous les niveaux pour qu'ils puissent interpréter et appliquer effectivement l'égalité des droits entre l'homme et la femme ;
- la représentation équitable de la femme dans les intuitions judiciaires et celles chargées de l'application de la loi ;
- la réforme de la Justice, qui doit être objective et sans discrimination, et cela dans le but de promouvoir et de protéger les Droits de la femme. Quels sont les mécanismes pour la mise en œuvre de la parité ?

Section 8 : Mécanismes de mise en œuvre de la parité

Aujourd'hui, la notion de la parité n'est plus un slogan en République Démocratique du Congo. Elle est incarnée par la loi n°15/013 du 1erAoût 2015 portant modalités d'application des Droits de la femme et de la parité. Cette loi est d'application sur toute l'étendue de la RDC et pour éviter que personne n'en ignore, il s'avère nécessaire de procéder à sa vulgarisation car il existe un adage qui dit « dura lex, sed lex», ce qui veut dire que « la loi est dure mais c'est la loi », donc son exécution est obligatoire pour tous, nationaux ou étrangers vivants sur le territoire congolais. J'évoque le niveau d'exécution de la parité, leur mode d'application les structure de la mise en œuvre, l'instauration des sanctions administratives et pénales.

§1. Le niveau d'exécution de la parité

La parité est juste une nouvelle matière qui est venue renforcer les Droits de la femme pour sa représentativité dans les espaces de prise des décisions, pour lutter contre toutes les formes de discriminations qui auparavant été orientées vers la femme d'une manière claire. En effet, la femme s'est retrouvée sans outil juridique important qui pouvait la protéger. Pour corriger effectivement ces discriminations de longue date, la loi sur la parité doit être exécutée dans son entièreté et cela sans réserve dans les institutions privées et publiques du pays.

Quel est le mode d'application réelle de la parité à tous les niveaux ?

§2. Le mode d'application réelle de la parité à tous les niveaux

La parité doit s'appliquer dans tous les domaines de la vie nationale, notamment, politique, administratif, économique, social, culturel, judiciaire et sécuritaire tel que développé ci-haut. Il s'agit ici d'accorder à la femme la même chance que l'homme, de pouvoir accéder en nombre suffisant aux instances de prise de décisions sans tenir compte de l'aspect sexe entre l'homme et la femme. Les inégalités entre homme et femme font perdre à la République, l'utile contribution de la femme à la réalisation de ses objectifs de développement humain et durable. Cette persistance de discrimination à l'égard de la femme est constatée presque dans tous les domaines de la vie nationale en particulier dans le domaine politique, économique, socioculturel. Cette

disparité caractéristique doit entrainer inéluctablement des discriminations entravant la mise en œuvre adéquate de la parité homme-femme.
Le nouvel élan de la masculinité positive imprimé par le Président de la République en République Démocratique du Congo constitue un catalyseur puissant dans la concrétisation effective de la parité au sein de la société congolaise. C'est dans cette logique qu'il faut inscrire la promulgation par le Chef de l'État Félix Tshisekedi de La Loi n° 22 / 029 du 29 juin 2022 modifiant et complétant la Loi n° 06 / 006 du 09 mars 2006 portant organisation des élections présidentielles, législatives, Provinciales, urbaines, municipales et locales. Cette nouvelle loi électorale en son article 30 exempte du paiement de caution les partis politiques qui présentent 50% de candidatures féminines aux élections législatives et municipales, de paiement de caution. Il s'agit décidément d'une avancée fondamentale dans la mise en œuvre de la parité.
Quelles sont les structures de la mise en œuvre de la parité ?

§3. Les structures de mise en œuvre de la parité

La femme doit être représentée d'une manière équitable dans toutes les institutions nationales, provinciales et locales, en même temps aux institutions d'appui au développement, au conseil économique et social ainsi que dans les établissements publics et paraétatiques à tous les niveaux, même dans les processus électoraux et au vote, y compris dans l'administration des élections . Pour éviter qu'elle ne reste une lettre morte, la loi sur la parité prévoit les structures chargées de sa mise en œuvre, avec pour mission d'impulser la dynamique de l'évolution des questions relatives aux Droits de la femme et de la parité, de promouvoir l'appropriation de la dimension genre par les femmes et les hommes, de formuler et proposer les politiques, programmes et mesures nécessaires à la mise en œuvre de la parité et des Droits de la femme.
Que dire de l'instauration des sanctions administratives et pénales ?

§4. L'instauration des sanctions administratives et pénales

Toute violation de la loi portant modalité des Droits de la femme et de la parité, est passible des sanctions conformément aux lois de la République.

Sans préjudice d'autres sanctions, la violation de la dignité humaine et des règles morales établies par le traitement d'images et de sons est passible d'une peine d'amende allant de 100.000 à 1.000.000 de Francs congolais telle que prévue à l'article 35 de la loi portant modalités des Droits de la femme et de la parité.

En effet, appliquer la parité dans son vrai sens c'est sauver toute l'humanité de génération en génération afin d'amener la planète à zéro discrimination à l'égard de la femme et promouvoir ainsi le genre dans son sens large.

Questionnaire d'évaluation de la loi sur la parité aux leaders féminins

Quatre questions ont été posées aux quatre Leaders féminins œuvrant dans différents secteurs d'activités. Chacune d'elles était appelée à répondre aux questions suivantes :

- Quel bilan faites-vous de ces 10 ans après la promulgation de la Loi sur la Parité ?
- Quels sont les principaux obstacles à l'application de cette Loi ?
- Quels rôle la femme congolaise est appelée à jouer pour l'application efficace de la Loi sur la Parité ?
- La Loi sur la parité contient-elle des insuffisances qu'il faut corriger ?

I. Directeur de cabinet adjoint du Chef de l'Etat (Madame Nicole BWATSHIA NTUMBA)

1. Le bilan est progressif, puisqu'il est aussi important de reconnaitre les petites avancées qu'il y a eu, malheureusement bloquées par les résistances socioculturelles, concernant cette notion de parité qui est une notion étrangère à notre culture. Il est difficile pour l'homme de reconnaitre la femme avec autant de pouvoir qu'il peut avoir, la raison pour laquelle cette loi a eu du mal à être promulgué.

2. Comme je l'ai dit, il s'agit des résistances socioculturelles. Et il est indispensable de fondre si pas détruire ces résistances socioculturelles. Que la présence de la femme dans un poste quelconque de l'Etat ne soit une justificatives pour expliquer le quota mais plutôt une reconnaissance et considération de la capacité de celle-ci.

3. Montrer qu'elle est une femme brillante, battante, compétente (apte à démontrer ce qu'elle sait et peut faire). Changer la conception du statut de la femme par rapport aux stéréotypes qui existent.
4. Oui parmi ces insuffisances à corriger, nous parlerons d'éradiquer le quota. C'est une discrimination positive.
En conclusion, je pense qu'il y a des germes d'évolution dans cette question de la parité en République Démocratique du Congo. C'est pourquoi, il est nécessaire de concilier les deux environnements : socioculturel et juridique, pour aboutir à une meilleur juridisation acceptée par tous et qui soit adapté à nos réalités ; c'est ce qu'on appelle l'anthropologie juridique : la parité des hommes et des femmes.

II. Secrétaire Générale du Ministère de la Famille, Genre et Enfant (Madame Esther KAMWANYA BIAYI
1. Promulguée le 01 Août 2015 à LUBUMBASHI, par le Président de la République, la Loi n°15/013 portant modalité d'application des Droits de la femme et de la Parité marque un tournent dans la lutte pour les Droits de la femme et de la parité. Ladite Loi sur la parité qui a pour but de promouvoir l'équité de genre, l'égalité des droits, des chances et des sexes, en vue de permettre à la RDC de réaliser ses objectifs de développement. Mais hélas ! Sept ans après, cette loi n'a pas vraiment évoluée à cause des persistances des violences basées sur le genre caractérisées par des pesanteurs socioculturelles par rapport à certaines coutumes qui continuent à avoir la main haute et à des traditions rétrogrades qui demeurent l'un des obstacles majeurs en RDC et cela dans les différents domaines de vie.
Que dire des coutumes ?
2. - Les coutumes ;
- Les traditions rétrogrades à l'égard de la femme ;

- Le non-respect de l'application de la loi, même par les décideurs;

- L'absence des sanctions au cas de non application de ladite Loi ;

- L'absence de Décret du Premier Ministre pour la mise en place d'une Structure dénommée « Comité Interministériel (CIM) qui sera composé des Ministres ayant dans leurs attributions le Genre, l'Emploi, la Jeunesse, le Plan, les Affaires Sociales, la Santé, l'Education et de la Justice qui aura comme mission d'impulser la dynamique de l'évolution des questions relatives aux Droits de la femme et de la Parité en RDC conformément aux articles 28, 29, 30 et 31 de la Loi sur la Parité.

3. La femme Congolaise doit revendiquer l'application de l'article 32 de ladite loi qui consacre une large publicité ou vulgarisation à tous le niveau, pour les différentes mesures qui sont en train d'être prises, de tenir compte de la mise en œuvre de ladite loi y compris lors des évaluations annuelles dans tous les domaines de vie publique.

4. L'unique chose ou recommandation à ajouter c'est de renforcer les sanctions par nos Législateurs au cas de non-respect de l'application de la Loi sur la Parité.

III. Directrice Générale FNPSS (Madame Alice MIRIMO KABETSI)

1. La loi sur la parité en République démocratique du Congo a été promulguée en 2015, ce qui signifie qu'elle a maintenant environ sept ans. Le bilan de cette loi est mitigé, car bien que des progrès aient été réalisés, il reste encore beaucoup à faire pour atteindre une représentation équitable des femmes dans les sphères politiques, économiques et sociales.

En ce qui concerne les progrès réalisés, la loi a permis l'élection de plus de femmes au Parlement congolais, où elles représentent désormais un certain poids politique. De plus, la loi a permis à plus de femmes de se présenter aux élections et d'occuper des postes de leadership dans divers domaines.

Cependant, il y a encore beaucoup de défis à relever pour garantir une application efficace de la loi sur la parité. Par exemple, il existe encore des obstacles culturels, sociaux et économiques qui empêchent les femmes de participer pleinement à la vie politique et économique du pays. De plus, le manque de ressources et de mécanismes efficaces pour garantir l'application de la loi sont également des obstacles importants.

Enfin, il est important de souligner que la loi sur la parité ne peut pas à elle seule garantir une représentation équitable des femmes. D'autres mesures doivent être prises pour lutter contre les inégalités structurelles qui empêchent les femmes d'accéder à des positions de leadership. Cela peut inclure des mesures pour améliorer l'accès à l'éducation et à la formation professionnelle pour les femmes, ainsi que des politiques pour promouvoir l'égalité des salaires et des opportunités économiques pour les femmes.

En somme, sept ans après la promulgation de la loi sur la parité en République démocratique du Congo, des progrès ont été réalisés, mais il reste encore beaucoup à faire pour garantir une représentation équitable des femmes dans les sphères politiques, économiques et sociales.

2. La loi sur la parité vise à assurer une représentation équitable des femmes et des hommes dans les institutions politiques et les entreprises. Cependant, il existe plusieurs obstacles qui entravent son application efficace. Voici quelques exemples :

Les stéréotypes de genre : Les stéréotypes de genre sont profondément ancrés dans notre société et peuvent limiter la participation des femmes à des postes de pouvoir et de prise de décision.

La culture d'entreprise : Les cultures d'entreprise peuvent être difficiles à changer et peuvent parfois être hostiles aux femmes, ce qui peut les empêcher de progresser dans leur carrière.

Les biais inconscients : Les biais inconscients sont des préjugés qui affectent la façon dont nous percevons les autres, souvent de manière involontaire. Cela peut affecter la façon dont les femmes sont évaluées et perçues dans le milieu professionnel.

La discrimination : La discrimination basée sur le genre peut encore être présente dans certains milieux professionnels et peut entraver la progression des femmes.

Le manque de soutien : Les femmes peuvent manquer de soutien et de mentorat pour les aider à avancer dans leur carrière. Cela peut rendre difficile la réalisation de leur plein potentiel.

La mise en œuvre insuffisante : Les lois sur la parité peuvent être insuffisamment mises en œuvre et appliquées, ce qui peut les rendre inefficaces.

Les ressources insuffisantes : Les ressources financières et humaines allouées à la mise en œuvre de la loi sur la parité peuvent être insuffisantes, ce qui peut entraver sa mise en œuvre efficace.

Il est important de noter que les obstacles varient d'un pays à l'autre, et qu'il est important d'examiner les obstacles spécifiques à chaque contexte pour une application efficace de la loi sur la parité.

3. La femme congolaise peut jouer un rôle important dans l'application efficace de la loi sur la parité en prenant des mesures pour s'impliquer davantage dans les sphères politiques, économiques et sociales. Voici quelques exemples de rôles que la femme congolaise peut jouer :

Se présenter aux élections : Les femmes congolaises peuvent se présenter aux élections et occuper des postes politiques pour promouvoir une représentation équitable des femmes dans les institutions politiques.

S'impliquer dans les organisations de la société civile : Les femmes congolaises peuvent rejoindre des organisations de la société civile qui travaillent à la promotion de l'égalité des sexes et de la parité. Cela leur permettra de contribuer aux efforts en faveur de l'application de la loi sur la parité.

Encourager les autres femmes à s'impliquer : Les femmes congolaises peuvent encourager d'autres femmes à s'impliquer dans les sphères politiques, économiques et sociales. Cela peut contribuer à accroître la représentation des femmes dans les positions de leadership.

Sensibiliser les communautés locales : Les femmes congolaises peuvent sensibiliser les communautés locales sur l'importance de la représentation équitable des femmes dans les sphères politiques, économiques et sociales. Cela peut aider à changer les attitudes et les croyances culturelles qui peuvent entraver la progression des femmes.

Être un modèle : Les femmes congolaises qui ont réussi dans leur carrière peuvent servir de modèle pour les autres femmes et les encourager à poursuivre leurs aspirations.

En somme, la femme congolaise peut jouer un rôle clé dans l'application efficace de la loi sur la parité en s'impliquant activement dans les sphères politiques, économiques et sociales, et en encourageant d'autres femmes à faire de même.

4. Comme toute loi, la loi sur la parité peut avoir des insuffisances qu'il est nécessaire de corriger pour qu'elle soit plus efficace. Voici quelques exemples d'insuffisances que le législateur congolais pourrait envisager de corriger :

Les sanctions : La loi sur la parité peut manquer de sanctions adéquates pour les personnes ou les organisations qui ne respectent pas ses dispositions. Le législateur congolais pourrait envisager d'introduire des sanctions plus sévères pour garantir le respect de la loi.

Les critères de sélection : La loi sur la parité peut ne pas spécifier clairement les critères de sélection pour les postes à pourvoir. Le législateur congolais pourrait envisager de préciser les critères de sélection pour garantir que les femmes sont traitées de manière égale et juste dans les processus de sélection.

La mise en œuvre : La loi sur la parité peut manquer de mécanismes clairs pour sa mise en œuvre. Le législateur congolais pourrait envisager de mettre en place des mécanismes efficaces pour garantir que la loi est appliquée de manière efficace et uniforme dans tout le pays.

Les quotas : La loi sur la parité peut ne pas prévoir de quotas pour garantir une représentation équitable des femmes dans les sphères politiques, économiques et sociales. Le législateur congolais pourrait envisager d'introduire des quotas pour garantir que les femmes occupent une part équitable de postes de leadership.

Les ressources : La loi sur la parité peut manquer de ressources financières et humaines pour garantir sa mise en œuvre efficace. Le législateur congolais pourrait envisager d'allouer des ressources suffisantes pour garantir que la loi est mise en œuvre de manière efficace et durable.

En somme, il est important que le législateur congolais examine régulièrement la loi sur la parité et corrige les insuffisances qui peuvent empêcher son application efficace. Cela permettra de garantir une représentation équitable des femmes dans les sphères politiques, économiques et sociales en République démocratique du Congo.

IV. Gérante de Waki SARL (Madame Myriam CHOUCHOUNA KIBILU)

1. Pour moi le bilan est positif, car aujourd'hui les femmes prennent de plus en plus conscience de leur droit et s'en approprie. Il y a encore du travail à faire certes mais l'évolution est là.
2. Il faut noter aussi que nous sommes dans une société à moitié sexiste et le manque d'éducation ou à l'information mais avec la sensibilisation sur cette question nous pourrons briser les obstacles.
3. La femme congolaise doit prendre conscience de qui elle est, à travers les séminaires et conférences sensibiliser les autres femmes, montrer simplement qu'on a le droit et la chance de percer autant que les hommes.
4. Je ne saurai le citer clairement, il est vrai que le gouvernement fait des efforts où l'on voit la représentativité de la femme à plus ou moins 35% ainsi qu'au parlement. Aux femmes je dirai, l'émancipation de la femme c'est tout un processus. Il faut continuer à se battre et transmettre les valeurs aux plus jeunes.

Que retenir des femmes modèles et pionnières ?

§5. Les femmes modèles et pionnières

Il n'y a pas meilleure manière d'inspirer les femmes que de leur montrer les femmes pionnières qui peuvent leur servir de modèle pour se forger un destin.

Comme femmes modèles et pionnières dans leurs domaines respectifs on peut citer particulièrement;

- Sophie Kanza, aussi appelée Zala Lusibu N'kanza, est une sociologue et femme politique congolaise (RDC), née le 8 février 1940 à Léopoldville au Congo
  belge (actuelle république démocratique du Congo) et morte le 2 avril 1999, toujours à Kinshasa. Elle a été la première femme

congolaise à intégrer une école secondaire, à être diplômée d'une université et la première à occuper un poste gouvernemental en tant que ministre des Affaires sociales du 31 octobre 1966 au 6 décembre 1970. Plus tard, elle a occupé des fonctions au sein des Nations Unies.

- Victorine NJOLI LOKENGA, née le 12 mars à Léopoldiville, Victorine NJOLI est la première femme à avoir obtenu un permis de conduire en RDC à l'âge de 21 ans, et première à avoir conduit une voiture dès 1955 à Léopoldiville.
- Marie José SOMBO, née en 1945, Marie José SOMBO était déjà speakerine à la radio Léopodville à l'âge de 16 ans. Quelques années plus tard, elle deviendra rédactrice du journal Congolais « L'Avenir » l'unique femme journaliste noire de cette époque. Elle a travaillé avec les grands journalistes notamment Jean Jacques KANDE, Antoine BOLAMBA, Gabriel MAKOSO, Philippe KANZA, André GENGE.
- Philomène Omatuku Atshakawo Akatshi est une femme politique de la république démocratique du Congo, membre du Parti du peuple pour la reconstruction et la démocratie (PPRD). Du 6 février 2007 au 10 octobre 2008, elle est ministre de la Condition féminine dans le gouvernement d'Antoine Gizenga. Dans le gouvernement Gizenga II, elle est ministre du Genre, de la Famille et de l'Enfant. Philomène Omatuku a auparavant été notamment présidente par intérim de l'Assemblée constituante et législative - Parlement de Transition (ACL-PT). Elle est la première femme à présider le parlement congolais.
- Judith Suminwa Tuluka, née le 19 octobre 1967, est une économiste et femme d'État congolaise elle a été désignée par le président Félix Tshisekedi le 1er avril 2024 à

la tête du Gouvernement de la RDC, devenant alors la première femme de l'histoire de la république démocratique du Congo à exercer à cette fonction.

- Marie-France Malangu Kabedi Mbuyi est une économiste congolaise (RDC), Gouverneure de la Banque Centrale du Congo : BCC en sigle, depuis le 5 juillet 2021. Nommée par le Président de la République Félix Tshisekedi, elle succède à Déogratias Mutombo. Elle accède officiellement à sa nouvelle fonction le 19 juillet 2021 lors d'une remise et reprise avec son prédécesseur. Elle est la première femme congolaise à occuper cette haute fonction.
- Catherine Nzuzi wa Mbombo commence sa carrière de femme politique en 1968, à l'âge de 23 ans avec la fonction de bourgmestre (maire) de la commune de la Gombe. Parmi ses prédécesseurs au poste de bourgmestres, on peut citer Marie-Rose Kasa-Vubu (1971-1974), Albert-Joseph Kasongo Wa Kapinga (1982-1988). Catherine Nzuzi wa Mbombo a joué l'intermédiaire entre le Ministre de l'Intérieur et le gouverneur de province en tant qu'inspectrice d'État en charge de deux ou trois provinces et a été Commissaire Provinciale, Vice-Gouverneur de la ville de Kinshasa, Gouverneur de la province du Bas-Zaïre de 1972 à 1974, et Gouverneur de la Ville de Kinshasa. Elle a été membre du bureau politique du MPR, Parti-État, ensuite membre du Comité central du MPR. La plus haute fonction qu'elle a occupé est celle de deuxième Vice-Présidente du Comité central du MPR. Cette fonction, en vertu de la constitution de l'époque, était l'équivalent de Vice-Présidente de la République. Elle est la première femme congolaise à occuper cette fonction.

- Gueda Yav Amani Wicht, dit Gueda Yav, est une pilote congolaise, entrepreneure et militant des droits de la femme. Elle est la première femme pilote de ligne en République Démocratique du Congo et la seule femme à avoir sa propre compagnie d'aviation d'affaires. Elle est également initiatrice d'une fondation qui milite pour la promotion et l'émancipation de la femme.
- Chantal Kanyimbo est une journaliste Congolaise (RDC), première femme à occuper le poste de Présidente nationale de la presse congolaise (UNPC), chevalier dans l'ordre des Arts et des Lettres de la République française, chevalier de l'ordre des Arts et des Lettres de la Francophonie. Depuis 2011, elle est « en détachement » auprès du Conseil supérieur de l'audiovisuel et de la communication (CSAC) où elle occupe le poste de rapporteure et porte-parole de cette structure d'appui à la démocratie.
- Me Rose Tumba Kaja, première femme bâtonnière en RDC. Le Barreau de Lubumbashi (Katanga) a été dirigé par une femme, Me Rose Tumba Kaja, en remplacement du Bâtonnier Jacques Shesha, arrivé fin mandat, au terme de la passation de pouvoirs effectuée lundi 20 octobre 2014. Me Tumba Kaja avait été élue la veille pour un mandant de trois ans, devenant ainsi la première femme à occuper ce poste en RDC. Dès sa prise de fonctions, la bâtonnière Tumba s'est engagée à renforcer la discipline au sein de la corporation, en restant au milieu du village (source : Wikipédia).
- Kungu Christine Bakombo, née le 7 août 1962, est une athlète, coureuse de longue distance. Elle a participé au marathon féminin aux Jeux olympiques de 1992. Christine Bakombo a participé à trois reprises aux Jeux olympiques pour représenter son pays, sans

remporter de médaille. Aux Jeux olympiques de 1984 à Los Angeles, elle est la première femme de la RDC à participer aux Jeux olympiques et est la porte-drapeau de la délégation congolaise ; elle a occupé la 6ème place de sa série du 800 mètres. Aux Jeux olympiques de 1988 dans la ville de Séoul, elle termine respectivement 6e et 8e des séries du 400 et 800 mètres. Aux Jeux olympiques de 1992 à Barcelone, elle termine à la 37ème place du marathon féminin.

- Bestine KAZADI DITABALA, née en Belgique, est une Ecrivaine, Avocate et personnalité politique en RDC, Bestine KAZADI a été première femme présidente de la coordination de l'association sportive Vita club de 2020 à 2023. En 2019, elle occupe le poste de conseillère spéciale du Président de la République, Felix TSHISEKEDI, en 2024, elle est nommée Ministre déléguée chargée de la Coopération internationale et de la francophonie. Après Constant OMARI, ancien Vice-président de la Confédération Africaine de Football et Veron MOSENGO, Secrétaire général de la même institution, Bestine KAZADI est la toute première congolaise à être élue 5e Vice-Présidente de la Confédération Africaine de Football CAF.

Quels sont les défis et obstacles de la masculinité positive en République Démocratique du Congo?

Section IX Défis et obstacles de la masculinité positive en République Démocratique du Congo

Comme défis il me faut relever la violence et les conflits armés, la pauvreté et les inégalités, les normes culturelles patriarcales, l'accès limité à l'éducation et le manque de modèles positifs.

1. Violence et conflits armés : La RDC a une longue histoire de conflits armés et de violence, où les hommes sont souvent au

cœur des combats et des exactions. La masculinité traditionnelle, qui valorise la force physique et l'agressivité, est souvent instrumentalisée dans ces contextes. Déconstruire cette association entre masculinité et violence est crucial. Que dire de la pauvreté et des inégalités ?

2. Pauvreté et inégalités : La pauvreté généralisée et les inégalités socio-économiques exacerbent les tensions et contribuent à des manifestations négatives de la masculinité, comme l'alcoolisme, la violence conjugale et le chômage. Les hommes, souvent considérés comme les chefs de famille, peuvent se sentir sous pression pour subvenir aux besoins de leur famille, même si cela signifie recourir à des moyens illégaux ou violents.

En quoi les normes culturelles patriarcales constituent-elles un défi ?

3. Normes culturelles patriarcales : Les normes culturelles profondément ancrées dans le patriarcat limitent les expressions émotionnelles masculines et maintiennent une hiérarchie de genre rigide. Les hommes ont souvent du mal à exprimer leurs vulnérabilités ou à demander de l'aide. L'accès limité à l'éducation est un obstacle pour l'émancipation de la femme africaine et congolaise.

4. Accès limité à l'éducation et aux services : L'accès limité à l'éducation et aux services de santé, notamment la santé mentale, entrave la promotion de la masculinité positive. Une meilleure éducation peut contribuer à déconstruire les stéréotypes de genre et à promouvoir des relations plus égalitaires.

Il faut aussi signaler le manque de modèles positifs.

5. Manque de modèles positifs : Le manque de modèles masculins positifs, qui incarnent des valeurs de respect, d'empathie et de responsabilité, renforce les normes traditionnelles négatives.

Conclusion : Recommandations

Malgré les défis, il existe des initiatives visant à promouvoir une masculinité positive en RDC. Ces initiatives doivent être concentrées sur :

1. L'éducation et la sensibilisation : Des programmes éducatifs visant à déconstruire les stéréotypes de genre et à promouvoir l'égalité entre les sexes.
2. L'engagement des hommes : Impliquer activement les hommes dans la promotion de l'égalité et de la lutte contre la violence basée sur le genre.
3. Le soutien aux hommes victimes de violence: Reconnaître et soutenir les hommes victimes de violence et de traumatisme.
4. Le développement économique : Améliorer les opportunités économiques pour les hommes afin de réduire la pression liée à la subsistance.
5. La promotion de la santé mentale masculine : Développer des services de santé mentale adaptés aux besoins des hommes.

La promotion d'une masculinité positive en RDC nécessite une approche holistique qui aborde les racines profondes des inégalités de genre, la violence et la pauvreté. Cela nécessite un engagement multisectoriel, incluant les gouvernements, les organisations de la société civile, les leaders religieux et communautaires, ainsi que les hommes eux-mêmes. Il s'agit d'un processus à long terme qui requiert de la patience, de la persévérance et une compréhension profonde du contexte spécifique de la RDC.

Conclusion générale

En guise de conclusion, il nous paraît important de souligner que la problématique de l'exercice des Droits de la femme et la mise en œuvre de la parité en République Démocratique du Congo se pose non plus en termes d'absence des textes juridiques pertinents mais plutôt par rapport à l'appropriation desdits textes par les différents acteurs appelés à les mettre en application.

En effet, les droits des femmes sont reconnus et garantis par tous les instruments internationaux relatifs aux droits de l'homme, tels que cités dans ce livre et ratifiés par le pays, notamment la déclaration universelle des droits de l'homme, les pactes internationaux relatifs aux droits civils et politiques, ainsi qu'aux droits économiques, sociaux-culturels, la convention sur l'élimination de toutes les formes de violences à l'égard des femmes et son protocole facultatif, la charte africaine des droits de l'homme et des peuples, la convention relative à la protection des droits de l' Enfant et toutes les autres conventions et pactes internationaux relatifs aux Droits de la femme en tant que droits humains, inaliénables, interdépendants et indivisibles ainsi que la résolution 1325 du conseil de sécurité des Nations Unies sur le rôle de la femme dans la promotion de la paix et de la sécurité.

La loi n°15/013 du 1er Août 2015 est venue renforcer l'arsenal juridique national existant, favorable à la protection et la promotion des Droits de la femme. Elle fixe les principes d'égal accès des hommes et des femmes aux ressources et avantages consécutifs, d'égale participation des femmes et des hommes à la vie politique et administrative, d'égal accès des filles et des garçons à l'éducation, de suppression des stéréotypes et clichés sexistes dans l'enseignement et les médias, d'égales conditions professionnelles en milieu de travail ainsi que l'accès de la femme et sa promotion au sein des services judiciaires et de sécurité.

Cependant, un bon nombre des lois contiennent encore des dispositions qui nécessitent révision en vue de leur harmonisation avec la loi sur les Droits de la femme et la parité homme-femme. Ce travail doit être fait dans chaque secteur de la vie nationale, pour éviter des lois contradictoires qui finalement paralysent l'effort de protection et de promotion des Droits de la femme dans le pays.

En outre, les structures de mise en œuvre de cette loi ont un rôle important à jouer particulièrement celle devant formuler et proposer les politiques, programmes et mesures nécessaires à la mise en œuvre de la parité et des Droits de la femme. Elle devra travailler en étroite collaboration avec les autres services et structures spécialisés dans le combat pour les Droits de la femme.

Enfin, l'appropriation de la dimension genre par les différents acteurs et intervenants y compris par la population elle-même, est une question fondamentale qui nécessitent le renforcement des capacités de tout le monde sur les concepts de base relatifs au genre, tels que développés au premier chapitre de cet ouvrage. Pour cela, la stratégie nationale d'intégration de la dimension genre dans les politiques et programmes de développement national doit être mise en œuvre de manière à disposer d'une masse critique suffisante au plan national favorable à l'application sans atermoiements de la loi sur les Droits de la femme et de la parité homme-femme. Il faut reconnaitre que les bénéfices à tirer de la pleine participation de la femme au processus du développement national sont énormes dès lors que les femmes constituent plus de la moitié de la population (aussi par rapport à l'électorat féminine et aussi faire l'autopromotion du genre).

C'est ainsi que les Droits de la femme et son rôle essentiel dans le développement sont réaffirmés dans les plans d'action des Nations Unies sur l'environnement et le développement (1992), les droits de l'homme (1993), la population et le développement (1994), le développement social (1995) ainsi que tout récemment dans les objectifs de développement durable-ODD (2015). Tous ces documents renforcent le principe de la promotion de l'égalité entre les hommes et les femmes tel que consacré par ailleurs dans l'Acte

Constitutif de l'Union Africaine et les différentes déclarations, résolutions et décisions pertinentes qui soulignent l'engagement des Etats africains à assurer la pleine participation des femmes africaines au développement de l'Afrique, comme partenaires égaux avec les hommes.

En République Démocratique du Congo, la notion de la parité dans l'espace congolais actuel est tombée à point nommé pour baliser le chemin à l'épanouissement et au développement effectif de la femme dans tous les domaines de la vie, y compris le traitement des différents blocages coutumiers qui freinent toujours l'épanouissement réel des femmes. Dans le cadre de cet ouvrage, nous pensons que la bonne application de la parité dans toutes les institutions tant publiques que privées du pays mettra au pas tous les auteurs des différentes formes de discrimination à l'endroit de la femme et vaincra aussi les coutumes contraires à la loi. A ce propos, le pouvoir public est appelé à veiller à la bonne applicabilité de la loi n°15/013 du 1er Aout 2015 portant modalités d'application des Droits de la femme et de la parité, et celle-ci devant être en harmonie avec plusieurs textes juridiques existants, notamment : la Constitution du 18 février 2006 telle que modifiée et complétée en 2011 à ses articles 12 et 14, le Code de la Famille, le Code du Travail ; et il sera aussi impérieux d'insérer dans le code pénal livre 2, les sanctions sur la violation des Droits de la femme et de la parité, comme cela est le cas avec l'infraction de viol. En effet, l'adoption de la loi sur la parité est un événement significatif par rapport au statut juridique de la femme congolaise, d'où la nécessité de renforcement et d'harmonisation avec certaines lois qui contiennent encore des dispositions discriminatoires, en violation de la Constitution du 18 Février 2006 et des instruments internationaux ratifiés par République Démocratique du Congo.

- Le mode d'application réelle de la parité à tous les niveaux

La loi portant modalité d'application des Droits de la femme et de la parité s'applique dans les domaines ci-après :

- Domaine politique et administratif
- Domaine économique, social et culturel
- Domaine judiciaire et sécuritaire

Les structures de mise en œuvre de la parité

- Pour garantir la participation de la femme dans le domaine économique avec comme objectif :
    a. Élaboration et mise en œuvre des politiques et programmes économiques en tenant compte de la parité homme-femme
    b. Promotion, par le secteur privé, de la participation de la femme aux instances de prise de décision
    c. Garantie à la femme à l'initiative privée
    d. Accès sans discrimination basée sur le sexe à l'épargne, aux crédits, diverses opportunités et nouvelles technologies
    e. Élimination de toute pratique néfaste aux Droits de la femme en matière d'accès à la propriété, à la gestion, à l'administration, à la jouissance et à la disposition des biens
- Dans les domaines socioculturels et de la santé avec comme objectif :
    f. Égalité de chances entre l'homme et la femme dans l'accès à l'éducation et à la formation
    g. Interdiction de tout stéréotype et tout cliché sexiste
    h. Encouragement à la construction des centres d'information, de formation, de promotion de défense des Droits de la femme et la jeune et petite fille
    Partenariat homme-femme dans la santé de la reproduction ;
    i. Garantie à la femme, en rapport avec la maternité, des services de santé et des avantages socioprofessionnels acquis
    j. Prise en charge médicale, psychologique et socioculturelle de la femme victime des violences
    k. Égalité des droits entre l'homme et la femme dans les rapports familiaux et conjugaux.

Pour garantir tous ses droits le législateur a estimé nécessaire de mettre en place deux structures pour bien veiller à la mise en œuvre de ladite loi. Il s'agit de :

1. Comité interministériel (CIM):

Composition: Ministres ayant dans leurs attributions le genre, la famille, l'emploi, la jeunesse, le plan, les affaires sociales, la santé, l'éducation, la justice.

Mission: impulser la dynamique de l'évolution des questions relatives aux Droits de la femme et de la parité

2. Conseil national du Genre et de la Parité (CNGP) :

- Composition: représentants des institutions, ministères et forces vives œuvrant pour la promotion de la femme

- Mission:

. Promouvoir l'appropriation par les femmes et les hommes de la dimension genre;

. Proposer les politiques, programmes et mesures nécessaires à la mise en œuvre de la parité et des Droits de la femme

!! L'organisation et le fonctionnement du « CIM » et du « CNGP », seront fixés par un décret du Premier Ministre, délibéré en Conseil des Ministres.

Chaque institution, établissement et service public, a tous les niveaux

- Publie les mesures qu'elle (il) a prises en vue de la mise en œuvre de la parité,
- Procède à leur évaluation annuelle

➢ Mise en œuvre de la loi

a. Représentation de la femme dans le domaine politique et administratif

- Représentation équitable de la femme dans toutes les fonctions nominatives et électives
- Parité homme-femme lors de l'établissement des listes électorales par les partis politiques
- Égale représentation entre les hommes et les femmes à tous les processus électoraux

- Inclusion des hommes dans les activités sur le genre

➢ L'instauration des sanctions administratives et pénales
  - Privation de financement public: Contre tout parti politique dont la liste électorale ne tient pas compte de la dimension genre
  - Peines prévues par les lois : contre toute personne qui viole les dispositions de cette Loi.
  - Amende allant de 100 mille à 1 million de FC: contre toute personne qui traite une image ou un son en violation de la dignité humaine et des règles morales

➢ Observations critiques

- Le mécanisme de sanctions qui sont prévues dans la loi portant modalité d'application des droits de femme et de la parité n'est sont pas adapté, la nécessité serait pour la mise en œuvre de ladite loi il est impérieux de renforcer la sanction afin de décourager les récalcitrants et ce à tout le niveau des Institutions tant publiques que Privées ;

La masculinité positive a connu une évolution notable au sein de la société congolaise. Pour s'en convaincre, il suffit de rappeler quelques faits importants tels que relevés par le Chef de l'Etat, Son Excellence Félix Tshisekedi Tshilombo dans son discours à la 79ème session ordinaire de l'Assemblée Générale des Nations Unies, dont voici l'extrait :

« En République Démocratique du Congo, nous sommes déterminés à changer les mentalités pour surmonter les barrières sociétales qui freinent l'épanouissement des femmes. Il est essentiel d'impliquer les hommes dans ce processus afin de transformer la dynamique sociale et de valoriser leur rôle dans le succès des femmes.

Au niveau national, la Constitution congolaise consacre la parité. Aussi, le gouvernement a mis en place une stratégie de lutte contre les violences basées sur le genre, axée sur la prévention, la protection et la réparation des victimes. Cette stratégie se traduit par le Fonds national de réparation pour les victimes des violences sexuelles liées aux conflits et des crimes contre la paix et la sécurité de l'humanité (le FONAREV). La législation en cours vise à garantir cette protection. Il convient de souligner les progrès significatifs réalisés en matière de participation des femmes à la prise de décision, avec la nomination, pour la première fois de notre Histoire, d'une femme comme Première Ministre et Cheffe de Gouvernement. Nous assistons également à une présence accrue de femmes dans les instances gouvernementales ainsi que dans le Parlement et le système judiciaire, illustrée par la nomination des femmes au poste de Premier Président du Conseil d'Etat et à la tête de la Banque Centrale du Congo ».

Enfin, la promotion de la masculinité positive en RDC est une démarche qui peut contribuer à la construction d'une société plus juste et équitable pour tous. Cela nécessite des efforts combinés de la part des hommes eux-mêmes, des femmes, des organisations de la société civile et des instances gouvernementales.

Bibliographie

I. Textes juridiques

1. La Déclaration Universelle de droits de l'Homme, du 10 décembre 1948
2. La Convention sur le Droits Politiques de la femme, du 7 juillet 1964
3. Protocole à la Charte Africaine des droits de l'homme et des peuples relatif aux droits des femmes, du 21 octobre 1986 (Protocole de Maputo, 2013).
4. Résolution 1325 du Conseil de Sécurité des Nations Unies, du 10 octobre 2005
5. Constitution de la RDC du 18 février 2006, telle que modifiée et complétée à ce jour.
6. Loi n°87-010 du 1er Août 1987 portant Code de la Famille.
7. Loi n°15/013 du 1er aout 2015 portant modalités d'application des Droits de la femme et de la parité
8. Loi n° 22 / 029 du 29 juin 2022 modifiant et complétant la Loi n° 06 / 006 du 09 mars 2006 portant organisation des élections présidentielles, législatives , Provinciales, urbaines, municipales et locales

II. Ouvrages

1. HOLFMANN, E., *L'agent de développement au féminin*, éd. Action CEAN, Bordeaux, 2005.
2. HOUYOUX, J., *Budgets ménagères et mode de vie à Kinshasa*, éd. PUZ, Kinshasa, 1973.
3. LEROY, L., *Genre et santé*, éd. Femmes prévoyantes socialistes, Bruxelles, 2007.
4. PINTO R. et GRAWITZ M., *Les méthodes des sciences sociales*, 11ème éd. Dalloz, Paris, 1985.
5. RONGERE P., *Méthodes des sciences sociales*, éd. Dalloz, Paris.
6. LAGOUTE, S. et Nina S., *Les Droits de la femme et de l'enfant,* Ed. Karthala, Paris, 2011.
7. NICOLAS D. KRISTOF et SHERYL WUDUNN, *Enquête sur des femmes extraordinaires qui combattent l'oppression*, Ed. des Arènes, Paris, 2010.

III. Autres Sources

1. Conférence Internationale de Beijing, Chine, 1995.
2. Plan d'action du gouvernement de la RDC pour l'implication de la résolution 1325 du Conseil de Sécurité des Nations Unies, document finalisé et adopté en octobre 2010.
3. Stratégie Nationale basée sur la Promotion de la Femme, 2000, Congo Brazzaville.
4. Promotion en Genre, Division Provinciale, Sud-Kivu, 2012.
5. Plan d'Action en matière de Protection de la Femme, 1999.
6. *Rapport d'évaluation du plan d'action de la 2ème génération de la mise en œuvre de la résolution 1325 et résolutions connexes du Conseil de Sécurité des Nations Unies sur les femmes, la paix et la sécurité*
7. Discours de Son Excellence Monsieur Felix-Antoine Tshisekedi Tshilombo, Président de La République Démocratique du Congo à la 79ème session Ordinaire de l'Assemblée Générale des Nations Unies
8. *www.*wikipédia.fr

Table des matières

Structures éditoriales du groupe L'Harmattan

L'Harmattan Italie
Via degli Artisti, 15
10124 Torino
harmattan.italia@gmail.com

L'Harmattan Hongrie
Kossuth l. u. 14-16.
1053 Budapest
harmattan@harmattan.hu

L'Harmattan Sénégal
10 VDN SICAP AMITIE 3
BP 45034 Dakar-Fann
direction@senharmattan.com

L'Harmattan Cameroun
Tsinga/Derrière polyclinique FECAFOOT
BP 11486 Yaoundé
Jacques.koukam@harmattan.fr

L'Harmattan Burkina Faso
Villa 281, secteur 23 623, rue 14.32
Ouagadougou
zagbie@outlook.fr

L'Harmattan Guinée
Almamya, rue KA 028 OKB Agency
BP 3470 Conakry
harmattanguinee@yahoo.fr

L'Harmattan RDC
185, avenue Nyangwe
Commune de Lingwala – Kinshasa
matangilamusadila@yahoo.fr

L'Harmattan Congo
219, avenue Nelson Mandela
BP 2874 Brazzaville
deunovmikhael@gmail.com

L'Harmattan Mali
Immeuble Mgr Jean Marie Cissé
Aci Hamadallaye
BP 145 Bamako
syllaka@yahoo.fr

L'Harmattan Togo
Djidjole – Maison Amela
face EPP BATOME
02 BP 20680 Lomé
didieramela11@gmail.com

L'Harmattan Côte d'Ivoire
Résidence Karl – Cité des Arts
Abidjan-Cocody
03 BP 1588 Abidjan
harmattan.ivoire@gmail.com

L'Harmattan Bénin
Rue 604, (Immeuble à l'entrée
de la rue UCAO- Cite de Saint-Jean)
Cotonou
stepcorpus@gmail.com

Nos librairies en France

Librairie internationale
16, rue des Écoles
75005 Paris
librairie.internationale@harmattan.fr
01 40 46 79 11
www.librairieharmattan.com

Librairie des savoirs
21, rue des Écoles
75005 Paris
librairie.sh@harmattan.fr
01 46 34 13 71
www.librairieharmattansh.com

www.ingramcontent.com/pod-product-compliance
Lightning Source LLC
LaVergne TN
LVHW051404061026
849535LV00009B/3347